父母^的原则

从认知层解决育儿困境

陈武涛 ◎ 著

中国铁道出版社有限公司

CHINA RAILWAY PUBLISHING HOUSE CO., LTD.

图书在版编目（CIP）数据

父母的原则：从认知层解决育儿困境 / 陈武涛著 .
北京：中国铁道出版社有限公司，2024.12. -- ISBN
978-7-113-31683-9

Ⅰ. G782

中国国家版本馆 CIP 数据核字第 2024KM7445 号

书　　名：**父母的原则——从认知层解决育儿困境**
　　　　　FUMU DE YUANZE: CONG RENZHI CENG JIEJUE YU'ER KUNJING

作　　者：陈武涛

责任编辑：陈晓钟　　　　　　　**电话：**（010）51873036
封面设计：宿　萌
责任校对：安海燕
责任印制：赵星辰

出版发行：中国铁道出版社有限公司（100054，北京市西城区右安门西街 8 号）
网　　址：https://www.tdpress.com
印　　刷：北京联兴盛业印刷股份有限公司
版　　次：2024 年 12 月第 1 版　　2024 年 12 月第 1 次印刷
开　　本：880 mm×1 230 mm　1/32　**印张：**7.5　**字数：**200 千
书　　号：ISBN 978-7-113-31683-9
定　　价：62.00 元

越放手, 越亲密

养育孩子是一场充满未知的冒险之旅。无论准备得多么充足，进入这段旅程后，父母都会手忙脚乱。在漫长的养育中，各种各样的花式问题像商量好了一样在前边排队等着。

起初是一些简单问题，比如喂养等，这些问题通过求助家人、朋友、网络等很快就能得到解决。慢慢地，简单问题变成了复杂问题，比如管教。面对精力旺盛的孩子，父母总有点"老虎吃天"的感觉。遗憾的是，随着孩子不断成长，简单问题变得越来越少，复杂问题变得越来越多。真是"剪不断，理还乱"。

父母之所以如此困扰，其实跟他们将孩子成长和父母养育混为一谈有很大关系。表面上，孩子成长完全依赖于父母养育，而父母养育的目的是让孩子健康成长，这似乎是一回事。实际上，两者却是任务主体不同的两件事。亘古以来，父母都在养育孩子。物质匮乏的远古人类为了养育孩子，在获得食物后优先将其分给孩子，这种自我牺牲精神延续到了物质丰裕的今天，只不过形式从食物优先供应变成了精心雕刻未来。在一些父母眼中，孩子就是自己的作品，只有精心将其雕刻完美，才能荣耀自己。于是，养育之旅变成了纠错之旅。只要孩子没有沿着自己的规划成长，就有问题，就要纠正。

然而，孩子成长是一个个体自我创建的过程，父母养育不过是这个创建过程中的配套服务罢了。换句话说，孩子是成长的主体，而父母养育的重点则是在接纳和理解孩子的基础上，为其提供所需资源、环境。遗憾的是，父母经常与孩子争夺成长主导权。争夺过程中，一方面，父母们很委屈：他们做的一切都是为了孩子，但孩子不领情，内心充满辛酸。另一方面，孩子很可怜，很受伤：他们的探索之路被父母堵得死死的，但又不得不服从父母的命令，愤怒、无助、不安、丧失价值、找不到归属……心理遭受严重创伤。

面对两败俱伤的结局，很多父母表示："育儿家教类的书没少看，课也没少上，但每每遇到问题，依然束手无策，真不知如何是好？"

其实，这还得从养育的本质说起。父母之所以会把孩子成长和自己养育深度绑定，主要原因是它们有着相同的目的。我们去掉繁复的表象就会发现，养育的最终目的是把婴儿抚养成人。养育的现状是孩子需要依赖父母才能生存，养育的目标则是让其能够独立生活。现状到目标的距离便是由依赖到独立的距离。直白点说，养育就是父母帮孩子习得离开父母仍能健康快乐生活的独立能力。孩子成长亦是如此，他们的终极目标是离开原生家庭独立生活。换句话说，养育的本质就是亲子分离。

从分离视角观察成长和养育，便不难划清孩子成长和父母养育的界限。孩子注定要走上一条我们从未见过的路，就像我们走的路父母未曾见过一样。孩子一而再再而三打破父母设置的藩篱，其动力来自对更加广阔的未知世界的渴望。只有保持这种渴望，孩子才能在未知路上披荆斩棘，勇往直前。面对未知，父母再精心的雕刻都是徒劳。养育孩子唯一能做的就是：为孩子的探索提供所需资源和环境。

实际上，要想跟孩子建立更为亲密的关系，允许和支持孩子自行探索未知是必须的。换言之，越分离，越亲密。分离视角并不容易获得，需要不断实践应用。父母要对自己有信心，也要有勇气，坚持改变，相信终有一日亲子关系会得到改善。

分离视角能让父母多一个观察孩子的角度，从而看清养育本质。本书我将以构建孩子独立能力为蓝本，以父母的自我改变为基础，帮助父母们从基本理念到行为方法全面升级养育方式，形成自己独特的养育体系。希望父母通过本书能为孩子创造一个安全可控的探索环境，让孩子有足够的时间和空间完成自我创建。

　　与其说这是一本养育孩子的书，不如说这是一本自我改变的书。养育孩子本身就是人生的第二次成长，抓住这次机会，我们就会走得更远。这本书不仅能让你收获科学的育儿方法，还能获得自我改变的红利，变得积极自信果敢，获得更多人生机遇。

　　从打开这本书开始，让我们一起尝试改变，为了孩子，更为了自己。

作者

2024年2月

目 录

下篇　父母且慢，养育者的行为准则

上 篇

父母放手，养育者的心理基础

第一章

分离，养育的本质

第一节　分离，让我们重新认识养育

世间几乎所有的爱都是为了相聚，唯有父母之爱，最终指向别离。

这句话说尽了亲子关系与其他关系最大的区别。我们跟其他人都是从陌生逐渐变得熟悉的，无论七大姑八大姨这类亲戚，还是玩伴、朋友、同学，以及伴侣等，都经历了从陌生到熟悉的过程：从没有话题到无话不谈，从素不相识到心生关怀，从陌路相遇到厮守一生。但亲子关系从某种程度上说却是一场别离。

孩子在分离中慢慢长大

孩子来自父母，更是在妈妈身体里待了十个月才来到了这个世界。他们一生下来对父母就很熟悉，很亲密。这份天然的熟悉感、亲密感让孩子从一个羸弱的婴儿逐渐成长为一个大人。特别

是在最初那些年，最能读懂孩子的是父母，最能给孩子安全感的也是父母。不过，长着长着，孩子跟父母逐渐"生疏"了……

成长是一个羽翼渐丰的过程，细细体会就会发现，这个过程很微妙，充满了各种各样的分离。

脐带被剪断的那一刻，伴随着一声清脆的啼哭，孩子彻底告别母体，成为一个独立的生物个体。只不过，这是一个无比欢乐的时刻，很少有人会意识到它背后隐藏的分离。

再后来，漫长的养育开始了。在父母的精心呵护下，孩子不但身体苗壮成长，心理也在不断发展。父母沉溺在跟孩子的亲密相处中，我们一次次为孩子的成长感到兴奋，却不承想成长背后其实隐藏着一个个分离。起初，孩子半步都不离开父母，坐卧、吃喝都需要父母协助。很快，孩子就能自己进食，会说话，能走路，随着身体的发育和智力的提升，孩子能够独立做很多事情了，之后需要父母协助的地方也越来越少。

当孩子背上书包走进学校、向父母挥手再见的那一刻，很多父母表面可能很开心，心里却感觉空落落的，似乎少了什么。是啊，孩子终究要长大，终有一天要离开我们。

事实也是如此。上学之后，孩子有了同学、朋友，有了自己的小空间、小秘密，慢慢地，生活中的大部分事情自己都能解决，就这样，孩子越走越远……漫长的养育结束后，孩子离开了家庭，有了自己的工作、生活，最终组建了自己的家庭，原来那个寸步离不开父母的小肉蛋也有了自己的孩子……

毫不夸张地说，孩子的每一次成长都伴随着跟父母之间距离的拉大，分离造就了伟大的父母之爱。

孩子是一个独立个体

孩子是一个独立的人，他们终究要去实现自己。父母无法也不可能一辈子守着孩子，孩子终究得学会自己面对生活。

孩子不仅身体成长需要过程，生存技能、思维认知的发展也需要过程。心理学家艾莉森·高普尼克认为，童年时期的学习意味着学徒训练，但那并不是在学校里进行的，孩子们需要先在家中或家庭之外的某一场景下学会这些技能。

父母有必要为孩子提供相应的学习和尝试探索的环境和机会。遗憾的是，很多控制型父母看似为孩子做出了最好的选择，实际上却让孩子失去了积累经验的机会，失去了独立思考的能力，这样的孩子只能长成巨婴来啃老。事实上，父母只要开启分离意识，通过分离视角用积累经验来解读孩子的成长，把孩子当成一个独立的人来看待，很多养育问题就能迎刃而解。

需要说明的是，强调分离并不意味着反对亲密。亲密和分离是一个硬币的两面，没有分离就没有亲密，没有亲密也就没有分离。我这里反对的是带有控制倾向的亲密，而跟孩子建立健康的依恋关系是父母必备的能力。至于如何健康地爱孩子，我会在后面章节和大家共同探讨。

分离视角，让养育更从容

从某种程度来说，孩子的成长就是在父母的协助下习得生存或生活的能力，然后脱离父母独自应用。孩子学会自主进食，吃饭就不再依靠父母。孩子学会走路，想去哪儿就有能力自己到达。孩子学会了思考，就有了自己的主见。本质上，能力学习也是为了分离。

电影《肖申克的救赎》里有这样一句台词："那些鸟儿注定不会被关在笼子里，它们的每一片羽毛，都闪耀着自主自由的光芒。"孩子注定不会一直生活在父母的庇佑下。但现实中，有些父母已经习惯于站在亲密角度看孩子，很难发现孩子身上闪烁着奕奕光彩的羽毛。

以分离为起点的养育观，可以让父母多一个观察孩子的角度。通过这个角度，父母能够看到孩子成长中被我们忽略的景象。这些景象不但真真切切，而且丰富多彩。我们生活在一个多维世界，不同视角下能够看到不同的景象。就像照相一样，面对同一景物，站在不同角度，在不同焦段下，我们会照出不同的照片，但风景依然是那个风景。

　　养育孩子是一件极其复杂的事情，也是一个极其漫长的过程，更多角度的观察，不断转换焦段，能够为父母提供更多的养育方案，让父母始终处于有选择的余地。有选择会让父母内心丰盈，充满爱意，让孩子感受到无限的爱和安全感。如果父母一味从单一视角观察孩子，就容易陷入一条死胡同，进而让自己充满焦虑、失望。

　　站在分离视角养育孩子，父母只需把自己当成一名园丁，根据孩子自身成长情况，为孩子提供适宜生长的土壤，然后简单地修修剪剪即可。在这个视角下，父母可以跟渴望独立的孩子一起尝试探索各种可能性，也可以静静地看着孩子自由自在地成长。

　　分离视角是一个亲子平等的视角。在陪伴孩子成长的过程中，父母其实可以将更多的关注点放在自己身上，通过自我改变引导孩子成长。请相信自己，父母是天然的养育者，只要愿意投入心血，相信终有一日会收获属于自己的教育心法，进而让自己更加从容地面对养育中遇到的各种挑战。

第二节　独立，养育的终极目标

　　独立，是父母养育孩子的终极目标。

　　婴儿期的孩子依靠父母无微不至的照顾才能活下来。随着孩子年龄的不断增长，需求也会变多，有些父母能满足，有些不能满足，不能满足的，孩子就可能会想办法自己去实现。为此，他们不断向父母和他人学习各种生存本领。渐渐地，他们羽翼丰满，逐渐走向独立。

独立三要素

什么是独立？独立是指不依靠其他事物而存在，不依赖他人而自立。也就是在关系上不依附、不隶属于任何人，拥有自己独立的思想、人格和必要的生活能力。个体心理学创始人阿尔弗雷德·阿德勒认为，独立是人生四大目标之一。

不难看出，独立就是孩子不再依附于父母，它的本质是孩子跟父母实现分离。孩子从一个弱小的个体成长为能够独立的个体需要学习无数的技能，积累丰富的经验。

孩子习得独立能力是一项极其复杂的系统工程。庆幸的是，对于孩子的独立能力，我们可以通过三个要素来衡量，让自己不至于无所适从。这三个关于独立的要素分别是：独立的先决条件——自主选择能力，以及独立的两个基础能力——自我接纳能力和共同体感觉。

没有自主选择能力就没有独立的机会。伴随孩子的成长，父母必须将孩子能力范围内的事情交由他们自己决定和处理。

不要小看自主选择能力，很多成年人都未必拥有。自主选择能力并不是表面上看起来那么简单——"选"或者"不选"。它需要主体人评估每一种选择可能带来的后果，并且比较不同后果给自己带来的影响，要负什么责任，确定自己能否承担这个后果或责任，最后做出选择。也就是说，自主选择能力是主体人逻辑推理、经验积累、自身技能等各种素质的集合。

当然，对于孩子来说，自主选择能力不可能突然从天而降，这就需要父母根据孩子的成长情况不断为孩子释放时间和空间，让孩子积累经验、学习技能，并在其能力范围内让他们自己选择，这样慢慢去锻炼。

接下来我们再来看自我接纳能力。

一个独立的人要能自己判断自己的价值。一旦我们需要依靠别人来判断自己的言行是否正确，就容易因别人的肯定而开心，因别人的批评而失落，进而所有的行为都是为了满足别人，从而失去自我。失去自我的人当然无法进行自主选择。为了避免自我价值旁落，我们需要拥有自我接纳能力。一旦我们能够接纳真实的自我，能够接纳自己的优点，也能接纳自己的缺点，那么对自我价值就有了清晰的判断。

从某种程度来讲，孩子的自我接纳能力来自于父母对他们的接纳程度。父母要善于发现孩子的优点，客观评价孩子的行为，鼓励孩子，平视孩子，尊重孩子，让孩子能够感受到自己存在的价值。本书中有很多方法技巧都能帮助父母潜移默化中增强孩子的自我接纳能力，特别是第三章和第五章的内容。父母的任务不是让孩子"忘我"地"懂事听话"，而是让孩子发现自己的价值。

　　此外，一个独立的人还应该明白别人并不是为了满足自己的期待而活。有些孩子在独立的路上会陷入以自我为中心的泥潭，认为世界都是围绕自己转的，甚至有些成年人都是如此。心理学家阿德勒提出的共同体感觉是一把破除自我中心主义的利器。共同体感觉是一种让我们感受到自己是某个共同体的一员，从属于这个共同体，且有自己的位置，有自己的价值，从而拥有"我可以在这里"的感觉。

　　比如说，我们都是某个家庭的成员。我们是所在家庭这个共同体中的成员，我们是丈夫、是妻子、是爸爸、是妈妈、是孩子，无论哪一种角色，我们都从属于"家庭"这个共同体。在这个共同体中，我们能找到自己的价值，并且理所应当地认为自己可以在这个共同体中。

　　一个人可以分属于不同的共同体，而且在不同共同体里担任不同角色。比如，你可以同时属于家庭、单位、社区等多个共同体。在家里，你是孩子的父母；在单位，你是别人的同事；在社区，你是一个居民。

总之，拥有共同体感觉的孩子明白：每个人都是共同体中的一分子，都要为共同体作出贡献，但自己不是共同体的中心，别人不需要围着自己转。

独立游戏的主体是孩子

从某种意义上说，孩子习得独立能力的过程就是父母养育孩子的过程。在这个过程中，孩子不间断地向父母或他人学习独立技能，不间断地积累生活经验，慢慢实现了自我成长。

对父母而言，这个过程有点像温水煮青蛙，平日里很少能觉察到孩子的成长，只是在孩子突破某项技能的时候，才会有所发现。比如，孩子会说话了，会穿衣服了，等等。即便发现了孩子的突破，由于缺乏分离视角，父母依然很难意识到这是孩子向独立自主又迈进了一步。

作为父母，我们须时刻谨记：成长的主体是孩子，习得独立能力的人也是孩子，而非父母。父母的养育，在孩子成长过程中，只能起到一个非常重要且不可或缺的辅助作用。

一个受别人控制的人无法获得独立。遗憾的是，很多养育问题都是因为父母跟孩子争夺独立控制权引起的。父母担心孩子因不在自己控制范围内而带来不良后果，孩子抗议父母压缩自己的成长空间。于是，双方就控制权开启了激烈的权利之争，结果只能是鹬蚌相争，渔翁得利。这里的"渔翁"就是父母担心害怕的东西，比如叛逆、不良行为习惯等。

实际上，孩子内心深处并不是嫌父母管自己太多，而是嫌父母阻碍了自己的独立之路。怎么理解呢？孩子出生后非常弱小，除了吃奶、呼吸等基本生理能力，什么都不会，只能天然地依靠父母，他们希望获得父母的支持和帮助。成长中，孩子会学习各种各样的技能，积累一定的经验，对父母的依靠就会逐渐减弱。但是，减弱并不意味着没有。准确讲，孩子成长需要父母的经验和保护，但不需要父母对自己的过度干涉和控制。

孩子的独立之路就像玩游戏一样，不同的阶段有不同的任务，并且这场游戏的闯关者是且只是孩子，父母能做的就是在一旁陪伴和保护孩子，让孩子在独立游戏中无所畏惧，发现孩子偏离正确轨道时及时提醒，努力矫正。

在独立游戏中，父母要谨记两个原则：孩子能力范围内的事情，让孩子自己完成；孩子能力范围边缘的事情，父母协助孩子完成。

在孩子习得独立能力的过程中，父母必须学会用分离视角观察孩子，时刻了解孩子的能力状况，并不断收缩自己的掌控范围，以便让孩子拥有足够的时间和空间探索、尝试，熟悉技能，积累经验。

所谓养育，就是为孩子成长施肥、浇水，及时修剪掉影响成长发育的枝蔓，然后静待绿树成荫、开花结果，不是吗？

第三节　分离受阻，亲子冲突的根源

面对独立游戏，孩子总能敏锐地第一时间开启新关卡，而父母对新的关卡开启有天然的滞后性，甚至有些父母压根没意识到新关卡的到来，就这样，思想不统一导致他们不但无法协同，有时还相互折磨。父母痛诉，自己恨不得把心掏出来给孩子，但是他们怎么都不领情；孩子痛诉，父母不理解自己，让自己特别苦恼。

是什么让亲子双方相互指责呢？

站在亲子双方各自的立场来看，他们说的都没错。但是，由于父母在独立游戏中教练角色的滞后性，再加上父母对独立游戏强烈的掌控欲，从而高度介入孩子的生活，亲子矛盾就此产生。

分离受阻是养育最大的障碍

父母高度介入孩子生活，阻碍孩子习得独立能力，积累经验，扰乱孩子走向独立的现象，我将其命名为分离受阻。产生分离受阻的原因很多，有些是有意识的，有些是无意识的。

分离受阻让孩子错失习得某项独立能力的时机，失去了学习独立技能和积累生活经验的机会，其结果就是孩子年龄和体格在不断发育，独立能力却不见长。最终父母会面临一个现象级悖论：一边什么也不让孩子做，一边又想让孩子在适当的年龄段掌握相应的技能。在孩子没有掌握该有的技能时，父母就批评指责孩子："我像你这么大的时候早就能……""别人家的孩子哪像你……"

在行为心理学上有一个概念很好地解释了这个现象级悖论，叫"知识的诅咒"。人们难以想象自己知道的事情、会的技能在不知道此事、不会这项技能的人看来是什么样子。简单来说，"知识的诅咒"就是你以为你知道的别人都知道。最明显的例子就是，父母会根据孩子的年龄来判断孩子是否应该拥有某种技能，而非他们是否教过孩子，或者给过孩子习得这项技能的机会。

一个13岁的孩子不会系鞋带，很多父母只会说孩子"这么大了，连个鞋带都不会系"，他们不会想，这件对他们来说很简单的事情，在还没有掌握这项技能的孩子看来并不简单，他们更不会反思自己从来没有教过孩子系鞋带这个事实。实际上，这跟画家指责他人不会画画，作家批评他人不会写作，飞行员惊叹他人不

.

会开飞机一样。

如果父母对孩子某项技能的掌握程度表示失望，不要急于说教，而应该多去反思自己，在孩子习得这项技能的时候，自己有没有阻拦，或者自己有没有教过孩子。

作为陕西人，我特别喜欢面食。小时候吃面母亲会做好给我，现在吃面妻子会做好给我，在外边吃面餐馆会做好给我。所以，至今我都不大会做面。不做，永远都不会。成人如此，孩子也是如此。

父母要清醒地认识到：养育是一个复杂的系统工程，孩子的所有能力之间有着复杂的联系，今天的麻烦不仅是为了明天不麻烦，更是为了避免给以后带来更大的麻烦。反过来看，及时发现问题，及时补救，总比让问题一直隐藏着或者置之不理好。

当幼儿萌生自主进食意识时，父母应该及时给孩子提供可以自己动手吃饭的机会。比如，把孩子的手洗干净，并做一些适合孩子的手抓食物。当然，孩子自己吃饭"战场"通常都比较"惨烈"，千万不要怕麻烦就取消孩子自己吃饭的机会。耐心等待，用不了多久，他们吃饭的水平就会产生质的飞跃。慢慢地逐步给孩子提供勺子，提供筷子。这样两三岁时，很多孩子就能用筷子自己吃饭了。

但是不少父母，特别是祖父母，总是担心孩子自己吃不饱，或者嫌孩子吃完饭收拾时太麻烦，追着给孩子喂饭吃，直到要上幼儿园了，开始发愁孩子在园里的吃饭问题。他们一边羡慕别人家孩子的自主能力，一边突击教孩子怎么自己吃饭。本来自然而然的事情，变成了一场"大会战"。

试想一下，如果孩子两三岁时就能用勺子，就会用筷子，你还会担心这些吗？

孩子希望通过自己的努力获得独立，这是他们的天性和使命，父母阻断孩子自我塑造的行为则可能会让孩子丧失自我，失去自主选择能力，对成长非常不利。

禁止和代劳

禁止和代劳是父母介入孩子生活程度最高的行为，也是最容易引发分离受阻的行为。禁止和代劳本质是一样的，都是不允许或避免孩子做某事。它们的区别在于禁止源自担心，代劳源自溺爱或忽视。

父母通常会低估孩子的能力，认为孩子还小，不足以完成某些事情。暖暖十个月的时候，我带着回了趟老家参加宴席。吃饭时，我给了她一小块馒头，她津津有味地吃了起来。在场的亲戚朋友惊叹道："这么小就会自己吃馒头？！"

父母禁止孩子还有一个原因就是担心出现问题。下雨天孩子想要在外边踩水玩，父母就会担心孩子因淋雨而感冒，不让孩子出门。这会让孩子失去一次很好的玩耍机会。其实只要穿上雨衣、雨鞋，孩子就不容易感冒了。即便淋了雨，只要把握好玩耍时间，回家及时冲个热水澡，换上干净的衣服，就能有效避免感冒。

当然，如果孩子做的事情远远超过了他们的能力范围，又或者对他们的身心发展有害，父母就需要发挥园丁作用，该修剪修剪，该矫正矫正。

父母对孩子的溺爱会让他们忽略孩子生活技能的发展。书包不让孩子背，饭不让孩子自己盛，衣服不让孩子自己洗，房间不用孩子自己打扫。父母用代劳表达着自己对孩子的爱，却忘记了这些都是孩子必须要掌握的技能。

前文提到，孩子习得独立技能的一个重要原因是父母并"不可靠"。孩子意识到父母并不是每次都听自己的，也不是任何时候都能正确意会自己的想法。于是，孩子产生了通过自己来实现想法达成愿望的冲动，这个冲动体现了孩子想要独立的意愿，在行为上主要表现为学习某项独立技能。

值得注意的是，孩子的学习冲动很容易被父母的代劳消耗掉。当孩子认为父母完全靠得住的时候，他们潜意识便会认为自己不需要这项技能，进而直接忽略掉该项技能的学习或某项能力的发展。儿童教育学家陈鹤琴说："从孩子出生起，他的语言、行动、思考等能力都是在不断的学习和使用中获得的，处处为孩子代劳，等于剥夺了孩子在生活中培养、锻炼能力的机会。"

为了孩子早日独立，请尽早停止代劳，并在安全范围内多给孩子一些实践机会。

第四节　放手，放得开才能长得大

对于孩子来说，他们不仅有物质需要，也需要心理方面的成长。父母要学会统合孩子的外在行为和心理需要，为其创造合适的成长环境。

合适的成长环境不仅包括物理环境，也包括心理环境。相比物理环境，心理环境更为重要。孩子需要自由的心理环境。对此，很多父母由于种种原因难以提供。父母跟孩子保持一定距离，敢于放手让孩子自己去完成自己的事情，尽量不要插手，也不要禁止，在旁边静静观察，久而久之，你会发现，孩子在完成自己的事情时特别认真，特别努力，甚至可能追求完美。

蒙台梭利说："在合适的生长环境里，孩子不用教就很完美。"

抓住能力窗口期

没有人能不经练习就掌握某种技能。任何技能，简单的如穿衣吃饭，复杂的如思考社交，孩子都是反复探索、尝试、应用后才能熟练掌握。

《刻意练习》的作者安德斯·艾利克森和罗伯特·普尔发现，人们习得某项技能通常会经历四个阶段，分别是产生兴趣、变得认真、全力投入和开拓创新。产生兴趣阶段尤为重要，因为没有了兴趣，后边的学习就十分艰辛。因此，在孩子对某事产生兴趣时，父母要抓住机会顺势促成，而不是禁止或者代劳。我将孩子对某项技能或某件事产生兴趣的阶段称为能力窗口期。

在能力窗口期，孩子的学习效果往往会事半功倍；相反，如果错过了这个能力窗口期，父母可能就需要重新帮助孩子建立兴趣，注入动力。每个孩子都有自己的成长规律，抓住孩子的兴趣顺势而为对于孩子的成长来说非常重要。

当孩子对某项技能或某件事产生兴趣想要尝试时，作为父母，我们应该在保证安全的前提下，放手让孩子去做，努力引导他发现其中的乐趣。在孩子体验过程中，我们要表扬孩子的表现，也可以陪孩子一起做，给予孩子足够的耐心。孩子一旦从中找到乐趣，便更容易发展这项技能，进而最终拥有这项技能。

孩子每解锁一项能力，就扩大一次能力范围。随着能力增多，孩子的能力范围就会越来越大，亲子之间需要保持的距离也就越来越大。

在孩子独立之路上，父母要做的不是让孩子跟隔壁的小孩比，不是盲目地让孩子考一个好成绩，让孩子万事都听话，而应该时刻保持分离理念，为孩子的探索及发展提供自由时空，助推他们找到更多乐趣，然后在一边静静观察，静待他们收获一次次成长。

"降低期待"，分段学习，你将更有耐心

对于孩子来说，任何一项基本技能的学习都需要时间，这很考验父母的耐心。

那么，父母怎样才能保持自己的耐心呢？

其实根本问题在目标设定上。在一场又一场的"刻意教学"中，父母通常会设定较高的目标。比如教孩子搭积木，拿出积木的那一刻很多父母就想让孩子立刻拼出一个有模有样的东西，然而，孩子可能还不知道不同积木之间如何拼接。所以，解决没有耐心最直接的方法就是"降低期待"。

需要说明的是，"降低期待"并非让我们舍弃目标，而是将目标拆分到不同的学习阶段，一步步循序渐进去完成。一般情

况下，我们可以将某一技能的学习分为四个阶段，依次是静静观察、动手参与、独立完成、熟练掌握。下面分别来看每一个阶段。

我们想要学习某一项技能时，通常会先静静观察别人怎么做，并将步骤内化到脑海里，孩子也一样。在静静观察阶段，孩子对于自己感兴趣的事往往也会认真观察，这时千万不要打扰他，与此同时，如果你正在为孩子演示动作，那么可以放慢或者稍微夸张一下相关动作，以便孩子理解。生活中，能够注意到孩子观察学习阶段，并且刻意示范给孩子的家长并不多。庆幸的是，能体现基本独立能力的事情在生活中随处可见，而且重复率极高，孩子观察的机会也特别多。因此，看到孩子突然施展某项本领时，不要觉得惊讶，在这之前孩子已经做了大量工作。孩子在默默观察着那些我们习以为常的事情，然后在这些微不足道的小事中慢慢长大。

当孩子把动作内化到脑海后，就进入第二阶段：动手参与。上手过程可能不尽人意，甚至步骤上会颠三倒四。在这个阶段，一定要给足孩子习得能力的信心，在一旁给予协助，甚至有时候整个任务的大部分工作需要父母完成。这个阶段，父母切勿心急，谨记：先完成，再完美。

孩子学习扫地时，很多时候会越扫越脏，越扫越乱。这时，不少父母会认为孩子在捣乱，阻止孩子扫地。实际原因却是，扫把不称手，力道把控不到位，动作幅度太大。父母要做的其实应该是给孩子一件称手的工具，然后自己给孩子做好演示，跟孩子一起扫。多想想自己学习一项技能时不堪的经历，就能理解孩子的行为了。

经过一段时间的实践，孩子就能独立完成了。这个阶段孩子可能不够熟练，动作略显笨拙，完成起来时间较长，另外还可能会遇到其他疑惑。父母只需守护在一旁，当孩子需要帮助时，给予协助或矫正，其余时间静静观察就好。记住，心急吃不了热豆腐，给孩子足够的信心，让他们自己来。当他们独立完成时，及时鼓励。

经过一段时间的独立完成，孩子终于熟练掌握了这项技能。熟练掌握之后，父母就应该放手让孩子去使用该技能了，在此基础上引导孩子不断扩展、发展、迁移这项技能的使用范围。

这就是整个学习过程。父母可以根据这个学习过程理解孩子的学习进度，并且以此为基础将那些对孩子来说宏大的目标、不易实现的任务，拆分成若干个孩子能够完成的小目标和小任务，然后协助他们一起熟练掌握这些拆分的子任务，最后再"组装"成一项完整的技能。值得注意的是，不是所有的技能学习都包含四个阶段，学习简单的技能时，动手参与和独立完成可能是混在一起的。

孩子只有经历了无数次这样的循序渐进的过程，才能真正习得独立能力。这个过程通常十分隐秘，如果父母没有分离视角，很难察觉，甚至会将孩子的行为贴上调皮捣蛋不听话的标签，从而引发亲子矛盾，阻断孩子的独立之路。

做个"兼职父母"吧

几乎所有技能都保持着"用进废退"的原则。父母不愿意放手，孩子便可能失去学习或巩固某项独立技能的机会。因此，父母不但要放手让孩子去做，还要留出时间、创造空间让孩子学习和巩固。

那么，在孩子成长之路上，父母到底要怎么定位自己的身份呢？我的答案是：当个"兼职父母"。

"兼职父母"是对应"全职父母"而言的。这里的"全职父母"指的是，将自己的精力全部投入到孩子身上，无微不至地照顾孩子，一切以孩子为中心，就像俗话说的"含在嘴里怕化了，捧在手里怕摔了"。"全职父母"不仅容易养出"巨婴"，而且在孩子面前很可能会丧失自我。

"兼职父母"则是指，父母只需将精力放在为孩子创造安全可控的探索环境上，充当孩子分离的推进器，放开手，大胆地让孩子探索自我，塑造自我，并且给自己留出时间和精力做自己想做的事情。

在一个家庭中，夫妻关系永远是第一顺位，其次才是亲子关系。很多家庭有了孩子之后，一切都围绕着孩子转，甚至有些父母将孩子视作夫妻关系的纽带。实际上，夫妻关系是家庭的核心支点，它决定了家庭能否健康稳定地运转，是孩子的原生家庭最初的图景。

原生家庭对一个人的影响是无法估量的，特别是对孩子未来的婚姻、幸福感的影响十分巨大。有句话说："幸运的人用童年治愈一生，不幸的人用一生治愈童年。"孩子的一半是爸爸，一半是妈妈，如果夫妻不能处理好彼此关系，会给孩子带来巨大的伤害。夫妻相互贬损会减弱孩子的自信，夫妻彼此不尊重会降低孩子的自尊，夫妻经常吵架会降低孩子的安全感。

想想看，你的脑海深处有没有父母吵架的记忆，你处理夫妻关系的方式有多少映射了父母的影子。如果不重新审视这些，及时去掉那些对你造成不良影响的行为，将来也可能会对孩子造成不良影响。

面对第二顺位关系亲子关系，父母要做的就是帮助孩子独立，静待花开。很多父母对孩子的独立发展有误解，认为独立发展就是对孩子不管不顾，任由孩子发展。事实并非如此。就像前文提到的，父母是孩子成长的园丁，创造环境和及时修剪都十分必要。作为父母，我们应该大胆放手，让孩子自己探索，不断塑造自我，发展独立能力。当父母发现孩子向某项技能发起挑战时，不但不能阻拦，还要为其创造更加安全的探索环境，大胆放手让孩子去探索尝试。当孩子表现出"我能行"时，父母只需温柔地告诉孩子："我相信你可以的。"当孩子遇到挫折时，父母可以一边施以援手，一边告诉孩子："别怕，有爸爸妈妈呢。"专注当下是父母最值得做的事情，不能未经孩子允许就给挑战增加砝码，也不可以随意阻断孩子的探索欲望。

在孩子习得相应技能之后，父母就可以把与这项技能有关的决定权交给孩子，自己在孩子熟悉的领域内少操点心，让孩子独立成长。做个兼职父母，在孩子需要的时候出现，陪伴他们一起探索未知领域，其余时间站在一旁当个观众，看看他们如何探索自己的星辰大海。

记住，养育孩子的本质就是分离。只有基于这个认知，那些管教工具、管教方法才能真正起到作用。

第二章

顺势，不同养育阶段的身份转换

第一节　养育过程，父母要跟孩子一起成长

我们生活在一个信息极度发达的时代，能轻松获取各种各样的育儿知识和技巧。毫不夸张地说，这个时代，父母一旦发现孩子身上出现问题，只需拿起手机，瞬间就能搜到成千上万种应对方法。但这些方法真的管用吗？很多时候结果是治标不治本，最终导致问题越来越多，亲子关系越来越紧张。

高度介入的恶果

当下，父母们给予了孩子从未有过的关注，开辟了专门的亲子时光，包括但不限于跟孩子做游戏，带孩子去郊游，陪孩子做作业，帮孩子打扫房间等。父母高度介入到孩子的成长中，换来的却是糟糕的亲子关系和问题孩子，事与愿违。很多父母感觉孩子越来越不好带了。实际上，并不是孩子不好带了，而是父母不

知不觉对孩子的成长从低介入变成了高介入。

家庭心理学家约翰·罗斯蒙德认为："高介入导致父母过分关注孩子，不但剥夺了孩子关注父母的机会，还让孩子加大了父母对自己的关注。"事实证明，父母的高度介入不但破坏了亲子关系，而且容易让孩子从"小公主""小皇帝"一路成长为"巨婴"。

本质上，高度介入也是分离受阻的一种表现形式。前面我们提到，父母要主动掌握分离权，在得到独立讯号后，智慧地迎合分离，学会放手。除了观察孩子自身表现出的分离信息之外，父母还应该多学习专业育儿知识，尽量多了解一些孩子的成长规律，以此为依据，科学放手。比如，孩子两岁前身体发育十分迅速；一岁到青春期前，认知发展速度快于身体发育；到了青春期，认知发展变得缓慢，身体发育却迎来了第二春。

在分离这件事上，孩子通常很积极，父母通常表现较为迟钝。这是一种天然的迟钝，因为成长的主体是孩子，父母只是辅助。但是，成长是孩子的事情，养育则是父母的事情，属于成长的事情，孩子在积极探索；属于养育的事情，父母则应该积极准备。

养育的四个阶段

作为父母，了解养育规律可以让养育更加得心应手。根据孩子的成长和认知发展规律，我将养育分为四个阶段。

第一个阶段是给予阶段，孩子出生后的头两年都处于这个阶段。这个阶段孩子要从一个婴儿长成走步幼儿，他的各项技能都不完善，需要父母给予全方位的关注和爱护。身体发育是这个阶段的重中之重。这个阶段，父母怎么爱孩子都不为过。

第二个阶段是权威阶段，大概在孩子2~6岁这一年龄段。很多孩子一旦能独立行走，并且拥有一定的语言能力，立刻就变成了"现世小魔王"。这个时期，父母将迎来孩子的逆反，因此，在原则问题上树立父母的权威，是养育任务的重中之重。除此之外，这个阶段还是认知发展的重要阶段，让孩子开阔眼界也是这个阶段需要做的事情。

第三个阶段是"权变"阶段，大概在孩子6~12岁这一年龄段。这个时候，孩子已经学会了一些基本生存技能，孩子也进入了学校，父母要做的不是紧盯孩子的成绩，而是让孩子习得更多社会能力，让孩子学会对自己的行为负责。这个阶段的主要任务是逐步将自主权还给孩子。

第四个阶段是护航阶段，孩子进入12岁以后直到成人都属于这一阶段。对孩子来说，这是进入成人世界的实习阶段。这个阶段父母能教给孩子的东西已经很少了，更多的是孩子遇到问题来请教父母，父母作为一个教练给出自己的意见和建议。这个阶段父母的主要任务是成为孩子的朋友，给予孩子全力支持，保障孩子的安全。

值得注意的是，四个养育阶段对应的孩子年龄并不是绝对的。每个孩子都是不同的个体，每个家长的养育方式方法也不尽相同，因此，养育阶段对应的年龄只是一个参考。实际运用中，有些孩子可能会早一些，有些孩子可能会晚一些，甚至还会出现不同阶段重叠的现象。父母在引导孩子时要注意因材施教，有的放矢。

第二节　给予阶段，你就是孩子的全部

孩子早上很早就醒来了，这时，妈妈爸爸还在熟睡中。他抬起头看看周围，独自玩耍了一小会儿就饿了，于是闹腾地爬向妈妈。妈妈早就觉察到了孩子的举动，很快抱起孩子给他喂奶，尝到奶水的孩子安静了下来。

自从有了孩子之后，一天的生活基本都是这样开始的，这样的日子大概要维持到孩子两岁左右。这是孩子刚出生头两年父母们最熟悉的场景，也是养育的开始。我把父母头两年抚养孩子的阶段叫作给予阶段。

在给予阶段，养育以妈妈为主，需要妈妈全身心照料孩子。孩子身边一天到晚要保证有人看护，防止发生意外。这既是一个无比辛苦的过程，也是一个无比幸福、无比愉悦的过程。

无微不至的照料

在给予阶段，孩子的发育和学习任务十分艰巨。

大脑继续着胎儿时期的高速发育，神经元之间发生着各种各样的连接，其他身体器官发育也步入了快车道。两岁时，孩子的神经元总数会达到成人的两倍。与此同时，孩子从一个只会甩手蹬腿，只能看见约20厘米远的黑白世界的婴儿，成长为一个会说能走、开始有"主见"的幼儿。

孩子的成长喜人，自然是一件开心的事情，不过，这些都建立在父母无微不至的付出上。在给予阶段，父母需要拿出自己一生中最大的温柔和耐心，以保证孩子能够安全、健康地成长。特别是新手父母，在这个阶段会遇到各种各样的问题，比如孩子发烧了，起疹子了，吐奶了，从床上掉下来了，说话太晚，走路太迟等。庆幸的是，这些问题都是简单问题，大多来自生理，父母可以咨询儿科大夫，去网上查资料，或者阅读这个阶段养育孩子的书籍，只要稍加学习，就能轻松应对。

在父母和其他家人无微不至的照顾下，孩子越来越坚信自己就是世界的中心。发展心理学家皮亚杰形容这个时期的孩子时，给出了一个"自我中心主义"的概念。孩子最初就是用这种感觉来构建自己世界的，并在生活中验证这个观点。此时的父母不但不能打破它，还要配合孩子的这种观点，要不孩子的天就塌了，安全感也会极度丧失。因此，在给予阶段，无论你怎么爱孩子都可以，并且给孩子的爱越足越好。

自我中心主义信念的形成

孩子需要父母无微不至的照顾，在给予阶段，千万不要把孩子单独留下来，即便是孩子睡着了，负责看护的家人也尽量不要走远。独处的小孩容易产生恐慌，恐慌会让人一直处于警觉状态，这对孩子的成长很不利。发觉自己独处的孩子会立刻启动预警机制，表现为焦虑不安、号啕大哭等。孩子发出预警信号后，父母需要立刻给予孩子回应，这样才能让孩子重返平静。

"哭泣—帮助"是父母跟婴幼儿最常见的互动模式。父母正是在这个模式中帮助孩子确认自我中心主义信念的。如果给予阶段父母未帮助孩子确认自我中心主义的信念，孩子就很难形成安全型依恋，进而沉浸在自卑、恐惧中难以自拔。反之，帮助孩子建立自我中心主义信念，就是在给孩子建立早期的安全感，让孩子形成安全的依恋模式，这会让孩子一生受益。

当然，绝大多数父母都能无微不至地照顾孩子，特别是妈妈。研究发现，这个阶段，妈妈跟婴儿之间有一种心照不宣的呼应。这种呼应体现在每天都要进行的很多次亲子"对话"中，包括"哭泣—帮助"、抚摸、眼神交流，以及语言交流。跟父母的"对话"不但让孩子能够确认来自妈妈的爱，还影响着孩子将来觉察别人情感的能力，即共情能力。心理学家把这种心照不宣的呼应叫作共同注意。

与共同注意同时存在的，还有一种能力，就是神奇的响应能力。响应能力让父母及时接收孩子发出的信息，很好地理解孩子的需求，并且不慌不忙平静地回应。比如，孩子不同的哭声代表着不同的内容。有的是想要人抱着，有的是饿了想吃东西，有的则是提醒父母该换尿不湿了。每个孩子发出的指令不尽相同，在外人摸不着头脑的时候，父母总能精准回应。

值得注意的是，对于响应能力，父母之间并没有多大差别。我们之所以感觉妈妈要比爸爸更及时，是因为妈妈肩负照料孩子的任务比爸爸多。所以，这里替妈妈们说一句：照顾孩子不只是妈妈的事情，也是爸爸的事情。

综合共同注意和父母的响应能力，孩子发现，只要有需求，父母就会十分精准地回应。于是，他作为世界中心的想法得到了进一步加强。然而他不知道的是，之所以得到这么多的关照，更大一部分原因在于自己身心发育还不完善。

随着孩子生理发育和认知发展，他在六个月左右就已经能够分清楚谁是妈妈，谁是爸爸，谁是陌生人。通常，孩子比较信赖妈妈和爸爸，以及其他养育之人，远离陌生人。这也是孩子对于社交最初的建构。在孩子需要的时候，能否及时给予孩子回应，这是孩子将来社交的底层框架。所以，父母不但不能强行改变孩子的自我中心主义理念，还得进一步帮助他们完善这个理念。

在父母的辛苦付出下，两岁之前，孩子的变化肉眼可见，稍不留意，他就长了几斤，或者学会了某种技能。这种"无与伦比"的学习能力，让父母恍惚间感觉自己生了一个小天才，这种感觉会给父母带来无限动力。

分离准备期

给予阶段是分离的准备阶段。除了头两年的充分给予外，其余阶段都是以分离为目标的，而充分给予本质上也是为分离做准备的，它为分离提供了心理养分。

给予阶段最主要的养育目标是让孩子获得足够的安全感，让孩子感受到充盈的爱。这是父母能给孩子的最宝贵的东西，我把它叫丰盈的内心。人只有在内心丰盈的时候，才能勇往直前，既能面对困苦，又能享受幸福。一个健康快乐幸福的人，一定是一个内心丰盈的人。

丰盈的内心能有效化解孩子的自卑，让孩子获得探索未知的勇气，从而敢于反复运用"尝试—错误"这一模式来学习，敢于进行"离开—回来—离开"式的试验。

"尝试—错误"这一模式是很多动物适应环境最有效的方法。孩子的很多技能都是通过"尝试—错误"模式获取的。

心理学家做过这样一个实验：给15月龄的小孩提供一种套环玩具，并示范怎么玩，不过，最终提供给孩子的玩具中，有一个套环的小孔堵上，让它无法套进杆子。

孩子拿到套环会逐个套进杆子，遇到这个被堵的套环后，会想尽一切办法将其套进杆子里：不行，再试，不行，再试……实在套不进去了，他们会非常疑惑，选择其他套环接着套，套完了其他套环，还会尝试再套几遍被堵住的套环，最后实在套不进去了才会放弃。

值得注意的是，任何尝试行为都需要丰盈的内心支持，自卑的孩子遇到挫折往往容易放弃。

孩子的成长过程其实就是一场循环进行的"离开—回来—离开"式的成长试验。

孩子通过这个试验来确认自己的能力值。孩子觉得自己学会了某项技能，就会脱离父母自己去尝试做相应的事情。遇到困难时，孩子又会回来向父母求助。如果没有足够丰盈的内心，孩子便可能不敢离开父母，这场成长试验也就无法展开，孩子自然无法获得独立能力，最终只能成长为一个名副其实的"妈宝"。

面对不断成长的孩子，父母要学会做孩子的助理，把孩子当成一个独立的个体，协助他完成力所能及的事情，比如坐、爬、自主进食、走路等。这些事情在你看来是小事，但在孩子看来可能就是大事。

改变孩子一生的语言

给予阶段是孩子学说话的关键期，父母要跟孩子多说话。这不仅在于孩子学会说话后就能更好地表达自己的想法，让父母不再抓瞎，更重要的是，语言是刺激大脑发育的优质资源。

据研究表明，孩子三岁前每秒钟能产生700~1000条额外的类神经连接，它影响我们所有的大脑功能。对于大脑发育来说，最好的刺激物就是父母的语言了。

父母不要认为孩子小听不懂就不说。孩子在开口说话之前有一个"语言建仓期"，孩子不说话是因为语言仓库的储备不足，只有积累了足够多的语言，孩子才能真正开口说话。同时还有一点需要注意，不说话不代表不思考，孩子时刻都在抓取周边的信息为说话做准备。可以说前期准备得越充足，后期孩子的语言爆发力就越大。所以，不要吝啬自己的语言，你的语言是孩子一生的至宝。

达娜·萨斯金德博士在《父母的语言》里提出了"亲子沟通

3T原则"，即共情关注（tune in），充分交流（talk more），轮流谈话（take turns）。

共情关注是指孩子关注什么，父母就关注什么。语言要跟随孩子的注意力，不要嫌孩子的注意力太分散，父母要跟随孩子的关注点随时切换内容，这会让孩子愿意跟你在一起，并受到莫大的鼓舞。当我们跟随孩子注意力与孩子交流的时候，要注意语言表达的精准度，尽量多用名词、动词、形容词以及感觉类词汇。

充分交流是指全身心投入到当下沟通中，尽可能多地跟孩子解释缘由，引申对话内容，而不是简单地告诉孩子结果。比如，你不要简单地告诉孩子"这是太阳"，而是告诉孩子"太阳是圆的，像灯笼，太阳只有白天才会出来"等。

暖暖在还不知道灯笼究竟是什么东西的时候，奶奶就教她"太阳红，像灯笼"。她把这句话念叨了一段时间后，居然自己也开始使用比喻了。在学到一个新东西之后，总要加一句"像某某一样"。

轮流谈话是指父母不要霸占谈话的所有内容，而要有来有往，让孩子也参与进来。在孩子还没学会说话的时候，可以让孩子用身体语言参与进来。孩子一旦学会说话，就尽可能多地让孩子表达，最好能让孩子成为对话的主导者。

在学习语言方面，婴儿期教育意义重大。3~4个月大的婴儿就已经能够区分大人的声音。再大一点，就可以给他们放童谣、讲故事等，这对孩子的语言发展帮助十分大。需要注意的是，父母的语言一定要丰富，不要总是说一模一样的话。找一些颜色鲜艳的绘本，边看图说话，边天马行空地联想，这样的方式孩子会更喜欢，效果也会更好。

给予阶段小结

在给予阶段，父母要做的就是由衷地给予，不断地给予，无条件地给予，用全部的爱去丰盈孩子的内心，给孩子最大的保护，让他们获得满满的安全感。父母用实际行动给孩子不断输送这样一个认知：不管发生什么，爸爸妈妈都在。记住这种感觉，它有一个名字叫无条件的爱。我们会在后面章节再次谈起。

孩子在完全给予的环境下成长，自然会收获丰盈的内心。丰盈的内心让孩子获得平静的能力，继而能够用"尝试—错误"和"离开—回来—离开"这两种模式获得成长。

同时，多跟孩子说话，多交流，多沟通，即便在孩子连妈妈都不会叫的时候也要和他说话。跟孩子说话时，注意应用3T原则：共情关注，充分交流，轮流谈话。

总之，给予阶段的最终目的是让孩子拥有丰盈的内心，这样才能为分离做足准备。

第三节　权威阶段，你是孩子成长的掌舵人

有一天，孩子突然站起来走了两步。看着跌跌撞撞朝你走过来，还没来得及高兴，你的心就悬了起来。小心猫咪！小心玻璃杯！小心桌角！小心花瓶！一夜之间，你们家的生活变了样。

孩子两岁以后，养育进入了第二个阶段：权威阶段。权威阶段一直要持续到孩子六七岁才结束。

认知极速发展的学龄前儿童

权威阶段是养育全程中较为关键和重要的一个阶段，也是奠定孩子成长基础的阶段。这个阶段孩子的学习能力无比惊人，他们学习速度飞快，父母的一句话、一个细小的动作，孩子都会瞬间复刻。

这个阶段，"离开—回来—离开"这种形式的活动也会"愈演愈烈"。前面我们已经知道，这是孩子学习和探索外部世界的基本形式之一。父母不但要允许孩子进行这样的活动，还要为他们提供必要的条件和环境。随之而来的是一场亲子精力的对决。孩子天生拥有"充电五分钟，活力一整天"的精力，而父母的精力值却令人担忧。在孩子不断的"离开—回来—离开"活动

中，为了保证他们的安全，父母需要投入更多的精力，这对他们来说真是个巨大的挑战。

成人的注意力像聚光灯一样会关注对自己有用的信息，而孩子的注意力则像灯笼一样会散射到各个角落，注意到更多的细节。孩子任由外界风吹草动所牵引，思想意识任意飘荡，行为更是难以琢磨，这给养育者带来了较大的困难，这时在孩子面前树立权威是很有必要的。

在亲子关系中，权威并不是父母倚仗自己的大人地位让孩子害怕而被迫听从，它是一种非强制性、非暴力性的影响力。使用权威时，不存在任何形式的强迫和威胁。一个有权威的父母是孩子眼中最有地位的人，能使孩子信服自己的力量和威望，愿意服从和支持自己的管理。父母权威来自于孩子对自己天然的崇拜，以及自己对孩子无条件的爱。权威的形成是一个循序渐进的过程，不是一蹴而就的。

立威要循序渐进

有一天，你的孩子变得不再可爱了。你说东他朝西，你说西他朝东，你说的很多话他都不听……对于很多问题，他都一律回复：不。"我不吃""我不饿""我不睡""我不要"……活脱脱一个"混世小魔王"，你甚至会怀疑这还是那个可爱听话的小宝宝吗?

　　这便是父母在权威阶段面临的第一个问题：孩子的"逆反"。

　　不过，一切迹象表明，所谓的叛逆，不过是孩子在向父母证明自己已经是一个独立的人了。即便他们还未具备独立生存能力，但是，在孩子的小脑袋里，自己能走路会说话，还有很多技能加身，除了没有成人那般身高之外，别的一模一样。这一阶段，父母要抓住机会帮助孩子建立"独立人"的概念，撕掉原先自我中心主义的标签，这样才更有利于孩子的成长。

　　要想帮孩子撕掉自我中心主义的标签，父母很有必要在他们面前树立权威，在此基础上引导他们走出自我世界。

　　对孩子来说，撕掉自我中心主义标签是一个颠覆性的认知革命，通常需要较长时间才能完成。如果父母仍然继续沿用给予阶段的养育方法，一切都以孩子为中心，不断满足孩子的需求，这场认知革命就无法完成。相反，如果父母不给予孩子适应期，强制生硬地去立威，那么孩子在给予阶段获得的丰盈的内心可能会坍塌崩溃，这对孩子的成长也很不利。

　　父母正确的做法是，走出藩篱，了解孩子逆反行为背后的动机，循序渐进地给孩子腾出空间，最大程度帮助孩子探索更多可能性，了解世界的本质，勇敢地走出自我中心迷思。这样，孩子就能延续给予阶段丰盈的内心，收获积极、快乐、向上的心理。

调整重心，构建平衡的家庭环境

父母如何帮助孩子完成这场认知革命呢？

首先要调整家庭重心，家庭生活要从以孩子为中心的状态转变为更加平衡的状态。为了完成这一转变，妈妈要从"全职妈妈"过渡到"兼职妈妈"。妈妈回归正常序列的同时，爸爸适当地分出一部分精力来填补妈妈回归正常后给孩子造成的心理缺失，让他们不至于感到突然"失宠"。爸爸的这个填补不用把缺失完全填满，可以留出一点空间供孩子自行探索。如果爸爸把妈妈的缺失填得太满，反而不利于孩子的成长。

孩子成长的每一步几乎都包含三个方面：生理发展、认知发展、社会性发展。它们相互影响、相互促进、密不可分，忽视任何一方面的发展，都不利于孩子的健康成长。比如，一个两岁的孩子不会说话，要从生理、认知和社会性三个方面进行排查，而不能仅仅排查生理原因。排除生理原因外，有些语迟的孩子是因为缺乏语言环境，家庭成员性格内向，所以才会缄默少言（认知发展）；有些语迟的孩子，他们的生活环境中不需要太多语言表达，父母照料太精心，孩子的一个眼神父母就能看出他们需要什么（社会性发展）。所以作为父母，在陪伴孩子成长的过程中，一定要把握好度。

　　那么，我们如何为孩子构建平衡的家庭环境呢？作为主要抚养者的妈妈，要做两件事：逐步减少为孩子做事的数量，恢复夫妻关系在家庭关系中的首要且核心地位。我们一件一件来看。

　　第一件事，妈妈要逐步减少自己为孩子做事的数量。

　　妈妈退出的基本原则是：依据孩子自身发展情况，能够自己做的事情就放手让他们自己做；孩子不会做的事情，逐步教会他们，一旦学会，就尽量让他们自己做。如，孩子会穿衣服了，就让孩子自己去穿衣服，不要再为孩子穿衣服了。孩子会刷牙了，就让他自己刷，包括挤牙膏这样的事情都不要再帮他做了。就这样一件一件地减少，直至将孩子力所能及的事务全部交由自己完成。

　　这是一个动态平衡的过程，这个过程从权威阶段开始，贯穿了养育全程。父母要在这件事中学会用分离视角看待孩子的成长。

　　第二件事，妈妈跟爸爸一起恢复夫妻关系在家庭关系中首要且核心的地位。

　　夫妻双方要把更多精力花在对方身上，而不是孩子身上。夫妻之间的谈话多起来，并且能时不时享受二人世界。这是对给予阶段彼此关怀缺失的一个弥补，也是对可能出现的感情问题的修复。这个世界上，没有什么比夫妻关系稳固更能给孩子带来安全感了。一对幸福的夫妻会让孩子获得充足的安全感。父母之间的关系，以及孩子跟父母的关系是未来孩子处理人际关系的原始模型。合理地平衡这两种关系能帮助孩子构建健康有序的人际关系模型，为他们未来处理人际关系打下良好的基础。

完成以上两件事，初步的心理分离就算完成了。再往后，就需要不断强化分离意识，直至孩子能够独立走出家门。

从权威阶段开始，父母心里始终要有这样一个声音："养育即分离"，这个信念不能丢。要知道，即便父母能帮孩子做很多事情，但孩子终其一生有更多的事情需要自己去做，再强的父母也无法照顾孩子一生一世。

"无敌破坏王"

从两岁起，孩子成长发展出现一个新的问题：探索任务让孩子变成了一个"无敌破坏王"。乱扔东西，乱涂乱画，乱拆乱卸……面对这样一个破坏王，有些父母会怀疑自己的孩子是不是多动症儿童。实际上，完全没必要，这是一个健康孩子的正常表现。

孩子的每一次尝试都是学习的基础。他们在用"尝试—错误"法快速认识世界。无论是"帮倒忙"、拆玩具，还是乱涂乱画，都是孩子尝试了解这个世界的表现。从这个角度来讲，父母们应该担心的是孩子是否缺少了"破坏行为"，而不是拥有"破坏行为"。

当然，孩子在探索过程中难免会触碰底线。作为家长，当孩子出现一些原则性问题时，就需要我们树立权威，以便孩子能够引起重视。那么，如何在孩子面前建立威信呢？

成为孩子心中的权威人士

权威阶段不仅是孩子认知成长的分水岭，也是父母养育方法的分水岭。这个阶段的养育方法可以说是承上启下的。从这个阶段开始，父母要逐渐给孩子树立规矩意识，使自己成为孩子心中的"权威人士"。

那么，父母怎样做才能成为孩子心中的"权威人士"呢？需要坚持"一不威胁，二不妥协，三坚持'我说了算'"这三个原则。

一不威胁。

父母在给孩子树立权威前，首先要给孩子创建一个良好的心理环境，让他们内心形成这样一个信念：无论我是什么样子，爸爸妈妈都会爱我，爸爸妈妈都会保护我。威胁是这个信念最大的破坏者。父母与孩子的对话中，有时会存在一些带有"威胁"性质的语言，这些语言包括贴标签、作比较、评判等。其中，最常用的威胁用语就是"我不爱你了"，其次是"我不给你，给哥哥（或者其他任何一个人）"，第三是"把你送给警察（或医生等）"。这些语言对孩子伤害极大，不但会让他们心生恐惧，安全感尽失，还会带来认知偏差。

比如，用警察威胁孩子，这样做一方面让他们对警察产生恐惧，一旦发生危险也不敢向警察求助；另一方面会让孩子给自己贴上一个"坏孩子"的标签。孩子知道警察抓的都是坏人，家人要把自己交给警察，说明自己不是好人。

不仅语言上不能威胁，行动上也不能威胁。一次我去医院给暖暖检查身体的时候，看见一位母亲对已经崩溃了的小姑娘说："你再不听话我就走了，你爱干啥干啥。"警告无效后，她真的扔下孩子一个人走了，留下孩子在走廊里哇哇大哭。虽然这位母亲当时躲在一个孩子看不见的地方等待孩子，但这种威胁对孩子的伤害太大了。不能给孩子带来安全感的父母，如何让孩子尊敬、崇拜、信服呢？

二不妥协。

父母要做到丁是丁，卯是卯，不能因为碍于自己的情面，或者孩子不开心、发脾气等原因迁就他们。任何形式的妥协只要出现就可能成为无底洞。有的孩子会牢牢抓住这个口子，不断攻击，最终达成自己的心愿。要知道，父母的一次妥协可能会在未来某一天相同场景下再次出现。多次之后，孩子便可能总结出规律，然后攻破你坚守的不妥协堡垒。千里之堤，毁于蚁穴，你的威望可能就此尽失。

不妥协不是死板地固守死守，要讲究策略。这个策略的底线就是父母说了算。"我说了算"不是跟孩子进行权力之争。任何权力之争都是一场零和博弈，总有一方是惨败方，长期惨败加深孩子的自卑感，从而产生自卑情结。所以，父母要学会跟孩子进行正和博弈。

父母跟孩子的任何分歧都不是父母跟孩子权力的对决，而是父母跟孩子一起解决某一问题。父母要有意识地深入孩子内心，倾听孩子的感受和需要，用全新的视角看待问题，既不妥协，也不对抗，然后结合实际情况跟孩子合作，另辟蹊径，找到"既是你的，也是我的"的解决方案，从而化解矛盾，释放压力，最终使问题得以解决。关于这一点，我会在后面章节详细给出方法。

因此，"我说了算"需要父母充分发挥自己的认知优势、阅历优势，引导孩子智慧地解决问题。孩子频繁地看到父母解决问题的方法，就会产生崇拜，而崇拜又能增加父母的权威，从而产生父母权威的正向循环。此外，孩子也会在潜移默化中学会解决问题的方法。

边界感的形成

在树立权威之后，无论父母是否已成为孩子心中的权威，亲子之间都形成了新的相处模式。这种模式下，孩子的边界意识逐渐被激发出来。

边界意识，简单说就是对自己权利范围和责任范围的认知。边界意识让人能够分清什么是你的和什么是我的，包括实物、感受、体验、价值观等。拥有健康边界意识的人能为自己的行为和情绪负责，愿意承担自己的选择带来的结果。同时，能够确保不让别人越界侵犯自己。

生活中，你一定遇到过没有边界意识的人。他们处于生活的两个极端：一种是经常控制、压制别人，极少或从来不照顾别人的感受，主动进入别人的隐秘空间，过度干涉别人，以救世主角色自居；另一种则把自己当成别人的一部分，过分讨好、依赖别人，希望获得别人的赞赏和认可。没有边界意识的人，要么只有自我，要么失去自我，不能立体地多维地看待世界。与这样的人一起共事或生活会让你感到不舒服，甚至愤恨不满。

实际上，边界意识本质上是心理分离的产物，从孩子意识到"世界不是围绕自己转"的那一刻就出现了。但是，帮助孩子建立健康明晰的边界意识却是个相对漫长的过程。这个世界不是非黑即白，它还存在不少"灰"，怎么处理"灰"是边界意识的核心。这对于没能在孩子心中树立权威的父母来说是一个巨大的挑战，甚至这样的父母更有可能培养出没有边界意识的孩子。

这是因为没有权威的父母处理孩子问题通常分为三种：

第一种是父母过度满足孩子，孩子要什么给什么，这会让孩子认为自己的需求别人应该知道，别人为自己做事理所应当。

第二种是父母把责任过多地推给孩子，遇到问题不分青红皂白，先把孩子数落一顿。这会让孩子认为所有问题都是自己造成的，自己要负责。

第三种是遇到问题父母对孩子实施冷暴力，对孩子过于冷漠，经常忽略孩子的感受，回避孩子的需求。这会让孩子缺乏安全感，不断讨好、依赖别人，主动卷入跟自己无关的关系中。

但这也不能说树立权威的父母就能高枕无忧地培养出拥有健康边界意识的孩子。边界意识的培养是一个动态过程，它是在孩子与他人相处和解决冲突中一步步形成的，需要必要的引导。处于权威阶段的孩子大部分已经上了幼儿园，有了自己的小伙伴，即便没有上幼儿园的小朋友，也有了自己的微型社交圈。有社交就有冲突。父母不可能预估孩子遇到的所有问题，也不可能帮助孩子解决所有的问题。因此，遇到问题，父母不能一味地教孩子具体怎么做，而应该教孩子如何思考，并让孩子自己决定该做什么、不该做什么。这样做不但能提高孩子的社会能力，还能让孩子在解决问题中形成健康的边界意识。

儿童发展心理学家默娜·B.舒尔提出了一套帮助孩子思考解决问题的方法，主要分为五步。

第一步，通过字词游戏帮助孩子思考问题。字词游戏包括六对基础词汇：是/不（没）、和/或者（还是）、一些/所有、之前/之后、现在/以后（稍后）、相同/不同，以及五对高级词汇：合适的时间/不合适的时间、如果/那么、可能/或许、为什么/因为、公平/不公平。在日常对话中，教会孩子使用这些词汇思考问题并且得出结论。

第二步，帮助孩子理解自己和他人的感受。父母在生活中可以通过看图、看动画片、讲故事、玩偶游戏、真人观察等方式，教会孩子识别他人的感受和情绪。常用的表达感受的词汇有开心、伤心、生气、骄傲、沮丧。父母不带评判地跟孩子讨论他们的情绪和感受，有助于孩子理解他人的感受。比如：什么事让你感到伤心？你觉得这个孩子为什么生气？

第三步，让孩子寻找多种解决办法。父母要让孩子明白解决一个问题的方法不止一种，而且不一定非得要用第一种方法。先从虚拟的人和事开始，让孩子提出多种解决方案，刚开始可以给孩子一些提示，最后任由孩子发挥。无论孩子说出什么样的办法，父母都先接受，不要过多评论，鼓励孩子产生更多的办法。

第四步，考虑后果。考虑后果就是让孩子明白，采用了某个办法之后可能会发生什么。不同的办法会有不同的后果，我们要选择对自己和他人都有利的最优选项。

最后，父母要鼓励孩子使用自己想出来的办法。孩子总会低估实施的难度，而且如果跟自己预设的不一致就会受挫。让孩子明白，办法总比问题多，增加备选方案，成功的可能性就高了。

这套方法总结起来就是，首先通过字词游戏，让孩子学会定义问题，理解自己和他人的感受。其次，思考多种解决问题的办法，并评估每一种方法可能产生的后果。最后，选择自己认为最合适的办法，并付诸实施。

这套方法可以有效帮孩子提升社会能力。社会能力的背后是人际能力，人际能力的背后则是边界意识。

良好性格的养成

权威阶段的重点在于引导，这一阶段是孩子成长发展的关键期，也是一个人性格形成的关键期。性格反映了一个人对现实的态度，它是个体相对稳定的行为模式、情感、态度和情绪反应的组合，它决定了一个人如何审视自己以及周围环境。很多心理学家将孩子的这个年龄段称之为"潮湿的水泥期"。这个比喻很形象，这个年龄的孩子就像一堆潮湿的水泥，可塑性较强。一旦过了这个时期，潮湿的水泥就可能变成坚韧的石头。

在权威阶段，孩子的性格刚刚萌芽，他们的行为更多地由气质决定。气质在孩子性格形成过程中扮演着十分重要的角色。什么是气质呢？心理学家史黛拉·切斯和亚历山大·托马斯认为：气质是一个人的行动方式，是对行为的另一种表达。它不是做什么，或者做了什么，也不是回答为什么，而是怎么做，或者说以什么样的风格来做事。

我们时常会使用雷厉风行、温文尔雅、不卑不亢、意气风发等词汇来形容一个人的气质。气质影响着每一个人的日常生活。只有了解了一个人的气质，才能更好地理解他的行为。换句话说，气质能够为父母提供一个看待孩子行为的独特角度，从而理解他们那些谜一样的行为，进而更好地接纳孩子，预测孩子的行为。

那么，怎么判断孩子的气质呢？

根据史黛拉·切斯和亚历山大·托马斯的研究，一个人的气质可以从九个方面来观察：活跃水平、生物钟规律、初始反应、适应能力、感官敏感度、心态、反应强度、分心程度、专注度。

1.活跃水平

活跃水平指的是一个孩子运动活动的水平，以及他的活跃期和不活跃期所占的比例。

高活跃度的孩子热爱运动，精力旺盛，坐不住，上蹿下跳，永远都有使不完的劲儿。父母要尽量避免用限制运动来惩罚这类孩子。低活跃度的孩子喜欢安静，喜欢发呆、静坐，看起来柔柔弱弱。父母要为这类孩子留足活动时间。

孩子不会也不可能永远都处于某一活跃状态。父母要总结孩子每天的活跃规律，在此基础上帮助孩子合理分配任务。

2.生物钟规律

生物钟规律主要指生理功能的可预测性和不可预测性，包括吃饭、睡觉、排便等。

生物钟是父母的天然帮手，能够避免很多冲突事件发生。比如，孩子每天下午两点要睡半个小时，父母就不要在这段时间给他们安排别的事情，同时，自己也可以利用这段时间做点别的事情。面对极为规律的孩子，如果计划有变，父母要尽量提早通知孩子，并教会他们灵活应对变化。

不是所有的孩子都有规律的生物钟，有些孩子的生活没有任何规律可循。每天入睡时间不同，睡觉时长不同，如厕时间不同。对于这类孩子，要设置一些人为规律，并鼓励孩子适应这些规律。

3.初始反应

初始反应是指孩子对新事物、新刺激的反应。

面对陌生人、新环境，孩子第一反应是立刻加入，还是保持谨慎。举例来说，孩子会不断接触陌生人，不同的孩子有不同的表现。有些孩子自来熟，很快就能跟陌生人聊天。有些孩子需要躲在一旁先观察观察，再决定是否加入。

父母要提醒容易接受新事物的孩子，在新环境里要提高警惕，同时父母要保证孩子接触的新事物不会伤害到他。而面对谨慎的孩子，父母则要给足时间和空间，不能强迫他们做自己不愿意的事情。

4.适应能力

适应能力是指孩子调整和改变的能力，也就是随着时间推移，他们对新事物、新环境作出反应的能力。

初始反应只能决定孩子刚刚面对变化时的态度，适应能力则决定了孩子最终是否愿意接受。适应能力强的孩子能快速接受变化，适应能力弱的孩子则需要一段相对较长的时间。面对适应能力弱的孩子，父母可以采取温和渐进的方式让孩子慢慢适应新环境、新事物，鼓励孩子说出自己的压力，甚至可以在进入陌生环境前，跟孩子玩玩角色扮演游戏。

5.感官敏感度

感官敏感度是指孩子对外界的敏感程度。

感官敏感度主要体现在生理表现上。每个人的感官对外界人、事物的敏感度都不一样，感官敏感度会影响孩子的行为和看待世界的方式。有些孩子敏感度特别高，天稍微一黑就要开灯，外边稍微有响动就会从睡梦中醒来。有些孩子敏感度则相对较低。

面对敏感度较高的孩子，父母要尽量避免孩子受过度刺激，及时疏导孩子的情绪。面对敏感度较低的孩子，父母可以适时给出一些提示，让他们适当提高敏感度。

6.心态

心态体现在孩子面对生活的态度上。

有些孩子整天都笑嘻嘻的，乐观，积极。有些孩子总是愁眉不展，悲观，消极。如果你的孩子属于前者，全家人可能都会欢欣鼓舞。如果你的孩子属于后者，父母可能也会陷入消极的泥潭。

事实上，孩子消极悲观也不是完全无解。首先，父母要自己振作起来，允许孩子倾诉自己的消极和悲观。然后，找一些自己的烦恼跟孩子分享，并告诉孩子自己从中发现的积极的一面。经过长时间的锻炼，孩子的心态就会悄然发生改变。要想孩子有所改变，关键要用积极的心态去影响孩子。

当然，过于乐观也未必是好事。面对太过乐观的孩子，父母要善于发现被孩子隐藏起来的悲伤、愤怒、恐惧等消极情绪，引导他们合理发泄。

7.反应强度

反应强度指的是孩子对周围发生的事情反应强弱的程度。

面对相同的刺激，有些孩子会大喊大叫，有些孩子会沉默不语。有些孩子哭起来震天动地，有些孩子选择默默抽泣。有些孩子跌倒了自己立刻爬起来，有些孩子跌倒了就趴在地上哭……这些都是孩子不同反应程度的表现。

面对反应强烈的孩子，父母要教会他们控制情绪。面对反应弱小的孩子，父母要仔细观察孩子的行为，努力找到孩子情绪变化的线索，教会他们表达自己的需求。

8.分心程度

分心程度指的是当外界刺激干扰孩子当前行为时他们转移自己注意力的概率大小。通俗点说，就是孩子是否容易分心。

有些孩子做事非常专心，不容易被打扰，这类孩子分心程度就低。有些孩子总是容易被其他事情影响，这类孩子分心程度就高。分心程度低的孩子，未来更适合做手术大夫、飞行员等工作。

当然，这并不是说分心程度高的孩子就不好。分心程度高的孩子能够同时做很多事情，容易跟人相处，这也是现代社会难得的能力。

任何事情都有一个度，分心程度太低的孩子容易钻牛角尖，分心程度太高的孩子常常表现得喜新厌旧。面对分心程度太高的孩子，父母要减少环境干扰，建立提醒机制，当他们分心时通过这个机制给予提醒。面对分心程度低、太过专注的孩子，父母要多加提醒，以防孩子钻牛角尖。

9.专注度

专注度是指孩子不间断地进行一项活动的时间长度，以及他们在面对障碍和困难时是否愿意继续向前的意愿。

专注力是一项特别重要的指标，这是孩子未来学习能力的保障。不过，处于权威阶段的孩子本身就容易冲动，活跃度也高，注意力持续时间相对都比较短。父母可以通过任务分解帮助孩子完成需要较长时间才能完成的任务，也可以通过一些小游戏提高孩子的专注度。比如，你可以让孩子十分钟内完成一幅三四分钟就能画完的画，如果提前画完了，就让他们不断修改，以此让注意力一直留在这幅画里。

如果孩子专注度特别高，切换活动前就要反复提醒孩子，并让他们明白，不是所有事情都要做到满分。

孩子的气质可能跟父母期许的不一样，但是不一样不一定就代表不好。气质没有好坏之分，不能因为慢热就给孩子打"害羞"的标签，也不能因为好动就给孩子打"调皮"的标签。每个孩子都有自己天生的气质。从气质角度来看，父母眼中孩子原来的问题行为可能就变成正常行为了。

气质决定了孩子的行为方式，也帮父母拿到了打开孩子性格大门的钥匙。作为父母，我们应该根据孩子的气质特点拓展他们的兴趣爱好，尽量让孩子去做自己擅长的事情。

此外，父母可以制定更加符合孩子自身特点的规矩。不要一提到规矩就想到惩罚、约束，规矩本质上只是一个边界框架，告诉孩子什么该做，什么不该做，以便他们能够最大限度地发挥自我效能。

很多父母会把关注点放在孩子的智力发展上，殊不知性格才是影响孩子一生的东西。无论孩子将来如何，他们都会被自己的气质和性格深深影响。

除了孩子自身气质外，父母的行为对孩子也有巨大的影响。我们常说：养育孩子是父母的第二次成长。你想让孩子成为一个什么样的人，首先就要努力成为那样的人。这并不是说你一定要多么伟大，而是你要给孩子树立榜样。比如，你想让孩子早起，那么你就得早起。你想让孩子跑步，那么你最好也早起跑步。你想让孩子生活有规律，那么你也得规律生活。

权威阶段小结

权威阶段是分离的开始阶段，也是最重要的养育阶段。

孩子就像一辆四处狂奔的汽车，没有目的地。他们在疯狂地探索着这个未知的世界。父母要理解并允许孩子的这种探索行为，并且为孩子创造合适的探索空间、机会和条件。但是，无论这辆车如何探索，都不能离开你的监控范围，一旦发现情况不对，就要立刻使用自己的权威引导他们回到正确的道路。因此，父母要用心提升自己，科学引导孩子，用自己的实力和能力在孩子面前树立权威，一路引导孩子迈入正途。

另外，权威阶段需要家长帮助孩子建立边界感。推荐使用默娜·B.舒尔提出的那套方法，它是一套包含了聊天、做游戏、关注孩子需求的社会能力养成方法。

权威阶段还是孩子性格形成的关键期，父母要了解孩子的气质，根据孩子的气质帮孩子找到他喜欢、擅长的事情，引导他深入探索，在此基础上让孩子得到更好的成长。

要么用童年治愈一生，要么用一生治愈童年。父母一定想给孩子一个能够治愈一生的童年，而它离不开权威阶段的引导，这也是我花这么长篇幅写这一节的原因。

第四节　"权变"阶段，让孩子学会对自己负责

"太阳当空照，花儿对我笑。小鸟说，早早早，你为什么背上小书包。我去上学校，天天不迟到。爱学习，爱劳动，长大要为祖国立功劳。"伴随着愉快的歌声，孩子们终于要上学了，他们即

将要进入一个更大的世界，也有了更多的探索机会。

上学宣告了"权变"阶段的正式开启。"权变"阶段一般从孩子六七岁开始，大约持续六年左右。这个阶段孩子正处于小学时期，他们进入学校系统学习适应现代社会的文化知识，同时，也获得了从未有过的远离监护者的环境。

这个阶段，很多父母会把关注点转移到孩子的学习成绩上。尽管他们中的不少人都知道，不是所有孩子都能念好书，成为学习高手，但依然会选择通过学习文化知识跟孩子互动。父母一味从学习视角来看孩子，就会产生管窥效应，从而忽视他们其他方面的成长。在焦虑、比较、评判、指责中跟孩子交互，使得亲子关系不断恶化。很多父母无意中产生了类似这样的口头禅："我这么辛苦还不都是为了你，你看你这学习成绩对得起谁？你要是有××一半我也就安心了，就你这成绩将来怎么办，扫大街都没人要。"这样一来，孩子自身受到冷落，他们的心理也容易出现各种各样的问题。

在"权变"阶段，父母的主要任务是：卸下权威面纱，逐步将权利归还给孩子，赋予他们独立面对人生的勇气。

"权变"阶段的养育建议

在"权变"阶段，父母应该如何陪伴引导孩子呢？

第一，父母要允许孩子质疑。

这种质疑包括孩子对你权威地位的质疑。也许你不允许，但这种质疑已经发生。如果你继续坚持自己的权威，难免会陷入跟孩子的权力之争，况且这一阶段的你自己有时也能感觉到自己不权威。当孩子说："这也太幼稚了吧！"父母一定要抓住机会，跟孩子探讨他心目中的"成熟"，以便满足孩子小大人的心理，这也是了解孩子认知发展的绝佳机会。

同时，也要接纳孩子对现实世界的质疑，并且在安全范围内鼓励孩子验证。这些质疑是孩子对自己想象中的世界的一次矫正，毕竟现实世界中的很多东西跟想象的有着本质差异。从这个角度来讲，现实世界正在一步步促使孩子构建自己的三观，直到最终形成，这往往需要一个过程。

父母不仅要允许质疑，还要对他们的质疑保持耐心，允许孩子说出自己的心事，也允许孩子不说自己的心事。发现问题时，不要急于纠正孩子，而要跟他们一起论证。

第二，父母要对孩子有信心。

很多时候孩子的学习能力比我们想象的要强。父母要做的就是尽自己努力给他们提供一些帮助，比如给他们找一些好的资源（与问题相关的图书、视频资料等），在此基础上给予孩子信心，顺其自然，静待花开，这便是对他们莫大的支持。

第三，带孩子多到现实世界看看。

世界那么大，要带孩子去看看，不一定非得去多远，但一定得投身大自然。现实世界不是说出来的，是体验出来的。没有交互，就发现不了真正的乐趣。了解、接受并融入现实世界最简单直接的办法，就是接触现实世界，跟现实世界进行交互活动。

现实世界远比我们想象的要精彩。那些动物，那些植物，那些山，那些水……它们都会引发孩子的好奇心，父母还没开口，他们自己就已经开始探索了。这里值得注意的是，不能老带孩子去同一个地方。陌生环境更容易激发孩子的注意力，让他们感受到现实的精彩和美好。此外，多带孩子去现实世界还是让孩子远离虚拟世界、远离网络游戏的最佳办法。

"权变"阶段孩子需要发展的底层能力

权变，顾名思义就是权利变更。在权威阶段，父母从孩子身上"收走"了部分权利，同时，也把部分责任放到了自己身上，孩子则在我们划定的边界内安全地进行着各种各样的探索活动。权变阶段，父母的养育重点发生了变化，需要把这些权利慢慢归还给孩子。

权利意味着责任，这个世界上不存在没有责任的权利。而责任的背后是能力，作为家长，我们要有意识地培养孩子担负起责任的能力，以便他们未来能更好地立足社会。

所有能力中，底层能力最基础，也最重要，它们的培养大于学习成绩，或者说，学习成绩是表，底层能力才是根。虽然学习成绩是学校和父母都关心的事情，但是，培养孩子的底层能力才是父母的重要任务。那么要培养孩子的哪些底层能力呢？

孩子的成长发展一般包括三个方面：生理发展、认知发展，以及社会性发展。生理发展这个不用说，基本的健康要保障。认知发展以及社会性发展对父母来说相对抽象，主要包括6种具体能力：理解和处理信息的能力、解决复杂问题的能力、独立思考的能力、知识获取与转化的学习能力、自我认知能力、社会能力。

理解和处理信息的能力是指能够应对信息过载，辨别信息的真伪、偏差及是否全面，能够分析、创造概念和知识。信息爆炸的世界里，孩子需要知道什么信息是靠谱的，什么信息是不靠谱的。

解决复杂问题的能力是指面对复杂问题敢于试错，能够对复杂问题进行系统处置和管理，在此基础上逐步解决的能力。孩子生来具有学习能力，他们会通过"尝试—错误"这一过程一步步探索学习。随着孩子逐渐长大，思维能力虽然有所提升，但有些孩子思维方式逐渐固化，这使得他们会害怕犯错，不敢尝试。

独立思考能力不是标新立异的能力，它重在强调自己的思考过程不受外界干扰。结论可以跟别人一样，也可以不一样，但是一定要是自己思考的结果。这就要求父母不能直接给答案，而是教会孩子获得答案的过程。

知识获取与转化的学习能力。自从第四次工业革命开始，社会变革的速度变得非常快，而且新知识层出不穷。刚刚学到的新知识新技能转眼就落后了。过去三十多年里，我们经历了一种肉眼可见的变化，一个地方半年不去可能就会变得陌生。未来呈现出不确定性，就如大家经常说的，变是唯一的不变。越是变化剧烈的环境，越是需要学习能力。

自我认知能力是培养孩子了解自我、认清自我的能力。认清自己很重要，这个能力可以帮助孩子在社会中找到自己的位置，厘清自己的目标和方向。

社会能力主要指孩子的共情能力及适应环境的能力。心理学家丹尼尔·戈尔曼和组织管理大师彼得·圣吉提出了一个叫三重专注力的理论。他们认为，学习的基本框架是为学习者构建智力和情商发展的三重专注力，即关注自己，理解他人，了解周围环境及世界。没有人可以独立而活，我们不可避免地要跟周围的人和环境打交道，即便你是那个住在瓦尔登湖畔的人。

底层能力如此重要,我们如何培养孩子的底层能力呢?

"是什么—为什么—怎么办",帮孩子在实践中收获能力

在权变阶段,我们要把权利慢慢归还给孩子,引导孩子在实践中慢慢收获能力。是的,能力的提升离不开实践。孩子在实践中难免会遇到问题,遇到问题怎么办呢?最好的做法是跟孩子进行一场平等的对话,引导孩子自己找出解决方法,然后继续实践。而对话框架就是"是什么—为什么—怎么办",这个框架可以帮孩子厘清问题的表层,探索问题的根源,找到问题的解决方案。具体怎么做呢?

"是什么"指"是什么问题",我们要先问孩子"是什么问题"。比如:发生了什么事情?出现了什么问题?你是怎么评价的?别人是怎么评价的?一般我们在叙述事情时都会包含客观和主观两个层面,客观属于事实上存在的,它们无法改变,但主观则有很多"活动空间"。"是什么问题"旨在帮助孩子分清楚客观和主观。

再来看"为什么",这一步我们要引导孩子思考原因。比如,你为什么这么评价,他让你哪里不舒服了?你是怎么觉察到自己不舒服的?对方怎么做会让你感到舒服?为什么这样做之后,你会感到舒服?如果站在他人角度,你觉得他为什么会这么做?这

么做会给他带来什么好处？这个好处会满足他的什么需要……这一系列问题属于层递问题，先问孩子的感受，进一步引导孩子觉察感受，并引导孩子找到感受背后的真实需求。同样地，这样思考也能帮助孩子体会他人的感受和需求。

最后我们来看"怎么办"，也就是引导孩子思考解决办法。客观事实清晰了，根源也找到了，现在要做的就是寻找解决方案了。我们需要明白，解决方案是解决内心需求的体现。如果它无法满足内心需求，就可能让人产生负面感受。但是，就像条条大路通罗马一样，满足内心需求往往不止一个解决方案。所以，我们需要引导孩子去思考更多的解决方案，并且思考每一种解决方案可能会带来什么样的后果。

最后，就是让孩子按照自己的既定方案行动起来。选择什么样的方案由孩子自主决定，记得提醒孩子尽量留有多个备用方案。当一个失败后立刻启动另外一个，这样就能提升成功的概率。孩子如果行动成功了，自信也就增加了。孩子如果行动失败了，也没关系。失败本来就是人生的一部分，面对失败，面对自然结果，是每个人的必修课。

面对失败的办法就是帮助孩子鼓足勇气重新再来。再来的方法就是父母把自己对孩子这次行动的看法、观点，以及自己的成功经验分享给孩子，然后继续跟孩子进行一场"是什么—为什么—怎么办"的平等对话。别小看平等对话，它能让孩子感受到尊重，感受到独立，感受到掌控。

"是什么—为什么—怎么办"三个问题并不一定要完全按前后顺序来，可以根据对话的状态和内容灵活调整。整个对话是一个动态过程，这不是一个简单的聊天对话套路，而是一套科学解决问题的方法。这套方法看似简单，但是实践起来并不简单，需要不断练习。

权变是一个动态过程，贯穿了权变阶段和护航阶段，甚至更长时间，不可操之过急，一点一点慢慢来。记住坚持一个原则：孩子能负责的事情，就让他自己负责。

权变阶段小结

养育进入权变阶段后，孩子开始了正式的学校生活。这个阶段父母的主要任务是让孩子的意识逐渐由"我听从父母"转变为"我要为自己负责"，进而逐渐将权威阶段的自主权交还给孩子。虽然孩子刚刚学会了一些基本能力，使用起来略显笨拙、莽撞，但是，父母不能因此拒绝孩子使用。我们倡导父母给孩子创造更大的空间，让孩子练习人生技能，并且学会为自己做过的事情负责。

需要特别强调的是，学习成绩只是认知发展中的一小部分。

如果我们把精力全部聚焦于此，不但无法看到一个完整的孩子，而且底层能力孩子也将很难拥有。

从权变阶段开始，父母时刻要牢记：孩子不是你的附庸，更不是学习机器。孩子是独立的个体，有很多面，要从新的角度发现孩子的优势，并帮助孩子不断放大这些优势。

第五节　护航阶段，把成长的事情交还给孩子

"我不要你管！"

"你走开！"

突然有一天，孩子跟你说完这样的话后，把自己独自一人锁在房间里。他迷茫、偏激，躁动不安。孩子又一次让你感觉陌生，只不过这一次跟之前不太一样，之前站在你面前的是一个小屁孩儿，而这一次却是一个几乎跟你身高平齐的"大人"了。

孩子的青春期就这样猝不及防地来了。

叛逆、躁动、自暴自弃，是成人贴给青春期少年最多的标签。卢梭在《爱弥儿》中写道："（青春期的孩子）就像远处的一场风暴到来之前，大海会发出轰轰隆隆的咆哮一样，高涨的欲念和强烈的感情也发出这样的低鸣，宣告着这场骚动即将来临。持续翻滚的暗流在警示我们，危险即将到来。"

青春期伴随着生理、心理的较大变化，出现问题是避免不了的，但也不至于用危险来形容。与叛逆相比，我更喜欢用混乱来形容这个时期的孩子。青春期的孩子并不危险，只是比较莽撞而已。

与混乱同时到来的是养育阶段的转换——父母的养育要从权变阶段进入护航阶段了。这是孩子走向独立生活的最后一个阶段，也是孩子成人之前的实习阶段。

护航阶段父母的主要任务是：把孩子当成一个大人，成为孩子的知心朋友，给足他们独立空间，让他们真正实现独立。

不协调的双系统

专家们在解释青春期叛逆时，大多采用大脑的双系统理论。该理论认为：一个人能从小孩变成成人是奖赏系统和控制系统两种系统相互作用的结果。

奖赏系统处理情绪和动机，在它的控制下，孩子渴望达成每一个目标、实现每一个愿望、体验每一种感觉。青少年的奖赏中枢比儿童时期和成人时期都要活跃。通常表现为情绪反应剧烈，以及行为更容易冲动。

控制系统正好负责自我控制，它能使人看到全局，理性分析，鼓励长期规划和延迟满足，从而实现掌控的可能。换句话说，控制系统正好能够控制奖赏系统带来的兴奋和活跃，从而提升情绪管理能力。

遗憾的是，奖赏系统发育比较早，而管理控制系统的大脑皮层前额叶要到25岁左右才能发育成熟。这是生理原因，谁也无法改变。也就是说，青春期孩子控制系统脆弱是有客观因素存在的。更为遗憾的是，人类青春期因为一些未知原因正在不断提前。有研究说，是能量平衡发生了改变导致青春期提前，比如饮食卫生条件提高、光源增加等。但这种说法并未得到广泛认同，还有待进一步研究。

不过，有个好消息，控制系统不像奖励系统那样是天生的，通过后天学习和积累就能发挥作用。也就是说，给控制系统输入什么，它就会产出什么。所以，一般权变阶段做得比较好的父母，青春期相对能省心一点。虽然社会变得越来越好，物质也更加丰腴，但是，由于学校学习任务繁重，以及生活方式的变革，导致孩子的实践机会比从前的孩子少了不知多少。现在的孩子，几乎就是"学校—家里"两点一线，加之父母的代劳和禁止，能让孩子实践的事情更是越来越少了。

哲学家岸见一郎在《不管教的勇气》里说，要让孩子做决定。他举了一个自己的例子。岸见一郎上小学的时候，一次朋友打电话邀请他出去玩，但是，玩的地方离家有点远，岸见一郎从未跟同学去那么远的地方玩过，因此拿不定主意。于是，他就去问父母能不能去。当时，岸见一郎认为，出去玩必须得到父母的许可。谁知，妈妈对他说："这种事你自己决定就好。"听了妈妈的话后，岸见一郎深感惭愧，因为他意识到自己在把无法决定的事情推给父母。

这是一个很经典的亲子场景。有人可能要说了，怎么可以让孩子自己决定呢。根据心理学家阿尔弗雷德·阿德勒提出的观点，去不去本身就是孩子的课题，当然得由孩子决定，让不让去才是父母的课题。孩子正是在这一次又一次的自主选择中成长起来的。选择意味着他们跟外界互动，那些把孩子装进套子里，只给孩子结果，或者用建议和解释的方式给孩子结果的父母，本质上是在阻断孩子经验的积累。

实际上，权变阶段自主权移交任务的本质就是帮助孩子积累经验。如果权变阶段没有做自主权移交，青春期混乱的状态就可能加剧，反之，获得自主权的孩子，青春期过渡会更平稳。

综上所述，青春期叛逆的原因是，青少年控制系统的发育和经验积累没有跟上奖赏系统的发育。因此，面对青春期，父母要多点耐心，给予孩子更多自我尝试的空间，而不是一味地打压孩子。

无论发生什么，父母要谨记：天塌不下来，塌下来的只有父母那颗急于求成的心。

社会性鼓励对青少年的作用

在一次聊天中，我问14岁的侄子长大后想做什么，他说想当名兽医。我吃惊地笑了，没想到他有这么明确的目标。他以为我在嘲笑他，便解释说："不是你理解的那种，是去大山里给动物治病的那种兽医。"我告诉他："我没有嘲笑你，而是佩服和惊讶。"这就是孩子的梦想，纯粹而伟大。

之前全家人只知道他喜欢动植物，看只蚂蚁都能发半天呆，现在看来，一切非常合情合理。他在潜意识中已经为自己的未来开始做准备了。父母不用唠叨，有时候孩子比父母更清楚自己要去向何处，他们的每一个行为都有自己的目的。

对青少年来说，他们更在意同龄人的尊重等社会性奖励。青少年要逐步完成同原生家庭的分离，因此，他们需要把更多的心理能量投注到外部世界，从而实现成为独立个体的终极目标。要实现这个目标，孩子就需要完成自我构建和自我认同，而自我构建和自我认同又离不开他人反馈。以前的反馈都是父母给予的，而此时，一个矛盾摆在了孩子面前：如果继续之前的模式，那么可能会丧失走出原生家庭的机会；如果不继续之前的模式，谁又能在孩子认为安全的环境中提供反馈呢？

孩子很快发现了社会性奖励。那些来自同伴的鼓励，特别是尊重和崇拜，它们可以让自己摆脱父母反馈的单一途径，它们慢慢成为了孩子完成自我构建和自我认同的又一个通道。

简单来说，孩子的社交圈对他们的影响非常大。这也是为什么我们要从权威阶段就开始锻炼孩子社会能力的原因。为了避免孩子太多的鲁莽行为，从权变阶段开始，我们就应该引导孩子建立责任意识，让他们有一定的分辨能力，知道什么事可以做，什么事坚决不能做，这会为孩子青春期的过渡奠定良好的基础。

成长外围的护航工作

如何构建孩子的护航舰队呢？

首先，允许并鼓励孩子社交。

人们常常开玩笑说："再大的领导面对自己孩子也很无力，拿他们没办法。"这是父母对孩子的误读。父母没有意识到孩子对社会性反馈的渴望，加之现行教育制度下，青少年要面对两次"人生大考"——中高考，学习压力巨大，社交时间和空间被极度压缩，他们难以跟其他同伴产生广泛且深入的交往。

缺乏社交是孩子沉溺网络的一个主要原因。在他们看来，既然现实世界无法获得社会性鼓励，那就用虚拟世界来代偿，游戏通常是不错的选择。

所以建议父母每周至少空出一天时间完全交给孩子，让他们呼朋唤友自由玩耍。跟朋友在一块儿，孩子更能学到书本上学不到的知识，而这些又是孩子未来进入社会必不可少的。

其次，成为孩子的忘年交。

努力成为孩子的朋友，从而帮孩子获取更多的人生经验。家长跟孩子做朋友的先决条件是让孩子可持续地信任自己。要想成为孩子的朋友，我们需要在信任的基础上，多站在孩子角度考虑问题，多与孩子互动，这样经过漫长的时间朋友关系才能建立。但是，这种信任可能会被一两次"套路"破坏。有些父母打着做朋友的旗号套路孩子，窥探孩子隐私，他们最后都会被孩子拉进朋友黑名单。

有了信任之后，少说多听多看，用心陪伴孩子，给他们提供各种支持、尊重，而不是批评孩子，指责孩子。只有在孩子束手无策问到你"怎么办""要怎样""为什么"的时候，再给出你的答案，并且保持开放心态，不要强制孩子必须听你的。

总之，要想成为孩子的朋友，就得放下自己高孩子一等的姿态，平等地跟孩子交流，尊重孩子，不要做破坏彼此信任的事情，就像真正的朋友一样。

最后，为孩子构建安全的社交环境。

青春期的孩子就是一个能量球，有用不完的精力，做事冲动，容易被各种各样的事物吸引，总是在危险边缘试探、徘徊。

在消费世界里, 很多广告商打着宣传新新人类的价值观利用孩子的"冲动"大肆敛财。在不健康内容的引导下, 青少年酗酒、吸烟, 甚至违法犯罪, 这些都是现实存在的, 作为家长, 我们应该努力为孩子构建一个安全的社交环境。

我们反对摄像头父母, 但并不意味着赞同父母对孩子不管不顾。作为护航者, 父母需要对周围环境有一个基本判断; 不去干涉孩子, 但需要了解孩子, 比如他们的社交圈, 他们的心理变化等。父母需要跟孩子建立一套沟通机制, 及时捕获这些信息, 尽量跟孩子一起把危害消灭在萌芽中。

父母的习惯会影响孩子的习惯, 父母的价值观会影响孩子的价值观。我虽然反对将孩子当成父母的复印件, 但父母对孩子的影响难以忽略。实际上, 父母用端正的三观影响孩子, 就会帮助孩子躲避大部分危险。同时, 给孩子建立这样一个信念: 无论什么时候, 无论发生任何事情, 家都是他最安全的港湾。无论在外边受到什么样的伤害和委屈, 都可以回来, 父母会给予他们无条件的支持。千万不要把受伤的孩子拒之门外, 无条件地接纳孩子, 是确保孩子社交环境安全的基石。

护航阶段小结

对孩子来讲, 青春期就是他们成为大人的实习期。他们要把自己已经学会的技能全部演练一遍，从而保证自己能够独立面对那个陌生的世界。而对父母而言，这一阶段最重要的任务就是为孩子的实习保驾护航。就像护航舰队一样，商船要去哪里是商船的事情，他们要做的就是保证商船的安全，一旦发现求救信号能够及时赶到，驱离商船难以应对的危险，保证商船能够安全到达目的地。

这一阶段，父母要理解青春期孩子的叛逆行为，并且认识到叛逆是青春期孩子的正常表现，接纳孩子的"反常行为"，允许孩子有独立的时间和空间，鼓励孩子走出家门参与社交，并且最好能成为孩子的朋友。

在护航阶段，父母的主要任务就是一个字"护"。做孩子的朋友，让孩子能够向你敞开心扉，防止孩子走向邪恶一边。不要怕孩子不接受你的善意，这个阶段的孩子内心十分渴望有一个睿智慈祥的长者成为自己的朋友，为自己的前路提供指南。如果你能够成为这个人最好，如果你实在不行，可以试着邀请他人（亲戚或朋友）帮你完成。

第三章

目的，以终为始理解孩子

第一节　起跑线真的那么重要吗

"绝对不能让孩子输在起跑线上。"这个想法在无数父母心里徘徊。

在养育孩子的过程中，有些父母从吃穿用度到读书工作，一定要给孩子安排得明明白白的。"念不了好的幼儿园就进不了好的小学；进不了好的小学就上不了好的初中；上不了好的初中就考不上好的高中；考不上好的高中就上不了好的大学；上不了好的大学就找不到好的工作；找不到好的工作孩子一辈子就完了。"这个传统守旧的观点被很多父母视为圭臬。

于是，父母对孩子进行胎教，让孩子进早教机构，上双语幼儿园，为孩子抢夺学区房，正式上学后各种培训班，包括文化课类的和兴趣培养类的……这一切都是为了不让孩子输在起跑线上。

印度电影《起跑线》很好地展现了这个过程。它讲述了一对夫妇为了让孩子不输在起跑线上，获得最好的教育，走上人生巅峰，而绞尽脑汁做了很多荒诞事情的故事。虽然是印度电影，但不少中国父母正做着类似的事情，很能引发我们的共鸣。

不能让孩子输在起跑线上，这不仅是父母的一个心愿，更是当下教育竞争的一股洪流。当父母和孩子被这股洪流裹挟的时候，孩子就进入了一个简单粗暴的单赛道。孩子就像一种有统一装配流程的标准化产品，父母则成了一个又一个生产厂家，在不同的装配条件下，有的孩子幸运地成了"高配产品"，有的孩子则成了"低配产品"，但两者装配方式大致一样。

信息时代起跑线的价值到底有多大

很多父母聊起育儿话题，一出口就是别人家孩子都在做什么，我们也得跟上，不能让孩子输在起跑线上。口径统一到令人咋舌，言谈之间充满了焦虑与无奈。但当问及什么是起跑线，起跑线在哪里，似乎又没有人能够给出一个完整且准确的答案。

从某种程度讲，起跑线对应着孩子身上各类显性的学习能力及其类目数量和成绩。刚开始大家比走路早、说话早，慢慢比爱好多、兴趣广，后来比学习成绩、获得奖项等。这里边最明显的就是孩子上学后，家长对学习成绩的执着。

事实上，随着知识普及率的提升及信息时代的到来，简单的知识红利已经开始消退，社会对人才的渴求已经从简单的知识储备转变为深刻认知、灵活应用。简单来说，以前的竞争可能侧重于一个人的知识储存量，而现在的竞争则侧重于一个人对知识的熟练掌握和灵活应用。信息爆炸的时代，大众获取信息的机会是均等的，不均等的是对信息的吸收和运用程度。我主张亲子有序分离，也是为了孩子能够早日建立自我认知，不断提升自身社会认知能力，这样才能更好地适应社会。

起跑线竞争可能带来的后果

需要注意的是，父母关注孩子的学习成绩并没有问题，问题出在只关注他们的学习成绩。心理创伤与危机干预专家徐凯文在2016年提出了一个概念：空心病。它是一种心理疾病。家长只关注孩子学习成绩，而不关注其他方面成长，孩子长大后便很容易患上这种心理疾病。

什么是空心病呢？空心病是一种由价值观缺陷导致的心理障碍。主要表现为情绪低落、兴趣减退、快感缺乏，感觉自己像一个空壳，又或者像置身一个四分五裂的小岛，不知道自己在干什么，想要什么，时不时感到恐惧。

空心病很容易被误诊为抑郁症，而治疗抑郁的药物对其无效。空心病患者有强烈的孤独感和无意义感。这些人往往有个共同的特点，就是从小学习都不错，而且很乖，几乎都是在称赞声中长大的。他们会有自杀倾向，但不是真的想死，而是不知道为什么活，找不到活下去的价值和意义。

据徐凯文统计：包括本科生和研究生在内的北京大学一年级新生中，有30.4%的人厌恶学习，或者认为学习没有意义。还有40.4%的人认为人生没有意义，自己只不过是按照别人的逻辑活着而已。在空心状态下，很多人活又不想活，死又不敢死。

之所以会患空心病，离不开周围环境的助推。孩子成长过程中，父母在玩起跑线游戏，老师在玩升学率游戏，他们同时打着为孩子好的旗号，剥夺了孩子自身的需要，一步步让孩子丧失了存在感。

存在主义心理治疗大师维克多·弗兰克尔提出，人之所以觉得活着没意义，是因为处于一种真空的状态。真空状态指的就是一个人没有存在感，找不到被他人、被世界需要和认可的感觉，无法确信这个世界有自己的一席之地。

存在主义心理学家罗伯特·纳伯格认为，存在感是一种基础的安全感。它让内心世界和外部世界取得联系，是一个人归属感、满足感和意义感的起源，它能让生活充满期待，让人明确知道自己在干什么，想要什么，在此基础上规划未来。

存在感一旦缺失，内心世界就无法跟外界取得联系，进而使人过着"行尸走肉"一般的生活，机械地做着重复的事情。孩子在父母和老师的双重压力下，有了小升初、中考、高考等外在目标，但是并没有一个明确的内部动机，在完成了高考这个"常规"目标后，他们突然找不到方向，感觉一切都失去了意义。存在感就像空气一样，拥有时感受不到，一旦失去，立刻就能觉察到，恐慌、痛苦随之而来，极端者甚至可能想要结束生命。

没有父母和老师愿意看到孩子患上空心病，然而戏剧性的是起跑线游戏和升学率游戏的终点很有可能就是空心病。那么如何避免孩子患上空心病呢？罗伯特·纳伯格明确指出，存在感和尊严紧密联系。让孩子感到有尊严是破解空心病的不二法宝。如何让孩子有尊严呢？简单点说就是拥有自决能力。作为家长，我们应该尊重孩子的日常选择，凡是孩子能力范围内的事情让他们自己决定，并认可和接纳孩子的选择，这样的孩子是有尊严的，他的存在感也会随之一步步建立起来。

这在本质上跟我们的分离观念不谋而合。上一章我们呈现了不同养育阶段父母的不同任务，这些任务没有一项与起跑线有关，但在完成过程中充满了互动、快乐和兴奋，同时，也能收获健康的结果。

没有统一的起跑线

其实，这个世界上根本没有统一的、标准的起跑线。所谓的起跑线，不过是父母的攀比思维在作祟。

我们把世界比作一个没有坐标的平面，所有人都生活在这个平面内，但是每个人都有自己独特的方向。所有人唯一相同的地方就是不断超越自我。每个人的个性不同、经历不同、所处环境不同，这个世界上压根不存在成长轨迹完全相同的两个人，即便双胞胎也是如此。换句话说，人活着不能总跟别人比，也无法比较，而应该专注自身。我们只能不断超越自身，只要比从前好就够了，就已经成功了。

实际上，大家挤破头想要进入的那个赛道，不过是大众基于过去经验总结出来的东西。我们处于一个高速发展的时代，很多当下看来无比正确的东西在未来社会可能并不适用。毕竟汪洙刚说完"万般皆下品，唯有读书高"不久，民间就开始流传"三十六行，行行出状元"的俗语了。而今社会结构变得更为复杂，行业都数不清楚了，未来孩子可以立足的地方真的太多太多了。作为父母，我们应该放下焦虑，努力帮孩子找到自我，引导孩子真正实现独立成长。

尽管起跑线赛道已经出现了裂痕和反噬，但潜意识中，不少家长最先选择的仍然是起跑线赛道。

我经常对深陷迷茫的家长说，与其被当下洪流所左右，不如先想想未来你想让孩子成长为什么样的人。这个想象必须具象，有血有肉有细节。或者说，你都不用想象孩子，回顾一下自己的人生经历，特别是童年和青少年的经历，不难发现，人生有很多面，每个人都有自己存在的独特价值和意义。进行这样一番思考，你是不是放松一些了？

上一章我们提到，底层能力要比单一的学习成绩更为重要。这里需要说明一点，我并不反对父母关注孩子的成绩，也不反对给孩子报兴趣班，我想表达的是，如果孩子的底层能力上来了，那么学习成绩大概率也不会差。同时，我认为兴趣也很重要。每个孩子都应该或多或少培养一些文艺和体育方面的兴趣，这不但对孩子成长有好处，而且未来孩子面临压力或遭遇挫折时还能缓解负面情绪。我反对的是父母为了攀比盲目培养孩子，别人学的都要学，别人不学的也要学。这就会让孩子生活在一个充满压力和焦虑的世界里，进而身心严重受损。

父母应该在孩子兴趣的基础上培养孩子，比如孩子喜欢音乐，想学弹钢琴，就给报钢琴班；孩子喜欢运动，想踢足球，就给报足球班；孩子喜欢美术，想画画，就给报绘画班。在此基础上，孩子如果涌现出了志趣，那就在后边用力推一把。

另外我还想说的是，作为父母，在陪伴孩子过程中不要太看重结果。相比结果，和孩子一起体验成长的过程更重要。芸芸众生里，能成为钢琴家、画家的毕竟是少数，大部分人最终都是平凡人。作为普通人，任何时候不要忘记养育孩子的最终目的是让孩子掌握生存能力，拥有一个独立的人格，成为一个独立的人，过上幸福美满的生活。

幸福究竟要怎样定义呢？不同人有不同的答案。实际上，你会发现那些月薪三万的人不一定就比月薪三千的人幸福，那些进行过环球旅行的人不一定就是拥有很多财富的人。

为了孩子将来能过上幸福的生活，从现在开始，不要过多干涉孩子，尊重孩子的爱好，尊重孩子的性情，一步步助力孩子走上独属于自己的道路。相信终有一天，孩子会收获属于自己的幸福和快乐。

第二节　课题分离，不要把自己的主张强加给孩子

"我这么做都是为了你好，你怎么这么不听话！"这是父母抱怨孩子最常说的话，也是亲子关系紧张的苗头。

父母为了孩子"好"，孩子不听指挥，这个矛盾贯穿了整个养育阶段，甚至孩子成人后仍然时有发生。细细想下便会发现，

矛盾双方背后的需求其实是一致的，只不过是彼此视角不同而已。职场中也有类似的例子，比如部门管理者向人资部门提出用人申请，人资部门执意不批。这位管理者的目的是提升部门效能，人资部门的目的是缩减开支，他们的目的从根本上讲是一致的，都是使公司利益最大化，只是解决方法不同。这种情况下，彼此应该完整表达清楚自己的最终目的，进而寻找新的解决方案，而不是一味地争论要不要加人。亲子关系出现问题也应如此。

被干涉的生活

心理学家阿尔弗雷德·阿德勒认为，人的一切烦恼皆源于人际关系。很多人际关系之所以会出问题，都跟对他人课题强加干涉有关，亲子问题也是如此，父母强行干涉孩子的人生课题导致亲子关系剑拔弩张。

父母时常忘记孩子跟自己一样是一个独立的个体，从而对孩子的人生课题强加干涉。比如：趁孩子外出偷看孩子的日记；不敲门随便闯入孩子的房间；随意翻阅孩子的手机信息……大多数父母并不认为这是在干涉孩子，反而认为这是对孩子的保护。

成长需要获取一定的生活经验和能力。但在现实生活中，很多父母出于"安全"考虑，禁止孩子自由探索或自己习惯性代劳，阻断了孩子的探索之路，影响了经验和能力的积累，进而使孩子无法独立成长。只有父母尊重孩子，将他们看作独立的个体，鼓励尝试，孩子才能积累更多的生存能力和生活经验。父母一味地干涉孩子的行为，不利于他们的经验积累。

在这里需要说明一点，父母平等对待孩子，并不是指孩子想干什么就干什么，大人能干什么，他们也能干什么，而是将孩子作为一个社会人，在个体权利或价值上平等对待。换句话说，平等并不等于孩子跟父母具有同样的能力，而是让父母承认孩子也是一个独立的社会人，也有自己的想法、感受、价值观。固然孩子的想法稚嫩、感受敏感、价值观不稳定，但父母得承认它们的存在，并且无条件地完全接纳。

父母需要时刻默念：孩子首先是个独立的人，其次才是自己的孩子。只有加强了这个理念，父母才有可能做到尊重孩子，平等对待孩子。与此同时，孩子的各类小尝试才会被允许，才有可能积累自己的经验库。

课题分离是尊重孩子的关键

认识到孩子是独立个体之后，父母需要识别自己和孩子各自的人生课题。当父母学会了区分人生课题，并且不横加干涉孩子，这样才能更加公平地对待孩子，尊重孩子，给孩子足够的空间和时间自己积累人生经验。

很多父母有这样的疑惑，在亲子生活中，很多问题都是交织混杂在一起的，很难分清楚到底是父母的课题还是孩子的课题。那么，父母如何识别课题的归属问题呢？

简单来说，在面对一件事情的时候，只需要判断谁对这件事情的最终结果负责，谁负责就是谁的课题。比如，学习养育知识是父母的课题。父母如果不学习养育知识，就很难走出育儿困境，继而发展出糟糕的亲子关系，给自己带来痛苦。习得语言是一两岁孩子的人生课题，如果孩子不学习说话，就无法向父母表达自己的需求，继而他们的很多需要就无法得到满足。

再来看一个相对复杂的例子。

有一天，孩子邀你陪他玩，但是你很累想休息。于是，你面临一个两难选择：休息，或者陪孩子玩。实际上，只要进行课题分离，这个事情就不那么难决定了。孩子发出邀请让你陪他玩，这是他的人生课题。如果孩子不发出邀请，他就彻底失去了一次让你陪他玩的机会。但是，发出邀请就要承担被你拒绝的风险。

换言之，如果孩子不发出这个邀请，你陪他玩的可能性是零，发出邀请可能性是50%。同样的事情也发生在你身上。你选择休息还是陪孩子玩是你的人生课题。你不能因为答应陪孩子玩，然后责怪孩子影响了你的休息。如果你拒绝了孩子的邀请，那么自己可能会产生内疚情绪，孩子也可能会闹腾。这都是你需要面对的结果，你不能因此而责怪孩子。其实，你只需要根据自己当时的需求做出最优选择即可。如果太累，就委婉拒绝孩子，并跟他商量休息一会儿后再跟他玩。如果你还能坚持一会儿，那么可以跟孩子约定只能玩一小会儿。

与此同时，孩子怎么评价你拒绝他的邀请，跟你也没什么关系，这是孩子的课题。孩子对你的想法和评价不应该成为你的行事准则，同样，你对孩子的想法和评价也不应该成为孩子的行事准则。就在我写这段文字的时候，暖暖缠着我说："爸爸，我们下楼去玩修汽车吧。"我以现在是我的工作时间为由拒绝了她，她在一旁闹腾了一会儿后便悄悄地走了。

父母通常会觉得孩子太小，这样做对孩子太残忍了。其实不然，孩子远比我们想象的要强大，反而是父母内心太过脆弱，不能及时撤出，肆意干涉孩子的课题。作为父母，我们要趁早放弃孩子太小这个观念，对他们来说，最大的人生课题就是积累足够的人生经验，习得可能习得的一切独立能力。作为养育者，父母最大的课题就是协助他们积累足够的人生经验和习得足够多的独立能力。

在判定课题归属时，父母还可以从是否有利于孩子积累生活经验，习得独立能力入手。也就是从第一章呈现的独立三要素入手，问自己：这件事是否有利于孩子习得自主选择能力？是否有利于孩子获得自我接纳能力？是否有利于孩子拥有共同体感觉？如果三个问题中有一个答案是肯定的，那就是孩子的课题，父母就不要插手。如果全部不是，父母就可以考虑介入干涉。这里有个大前提，就是以孩子当下的身心条件是否有能力完成这件事。如果孩子不具备相关条件，也就对独立三要素不利，此时父母就要适当引导或辅助其完成，或等条件成熟后再让孩子独立完成。

此外，父母要始终记住一点，确保孩子及他人的身心不受威胁和伤害是父母养育过程中最重要的课题之一。父母不能置孩子于危险当中坐视不管，不能任由孩子打架斗殴，不能任由孩子顶撞自己，不能任由孩子突破道德底线，甚至违法乱纪。

第三节　目的论，小孩能有什么坏心眼

孩子去学校经常忘记带东西，动不动就跟别的小朋友打架，上课总是捣乱，乱发脾气、爱顶嘴……人无完人，孩子也一样。每个孩子身上都会出现不良行为，而且这些不良行为像商量好一样按下葫芦浮起瓢，搞得父母心力交瘁，最终孩子被贴上捣蛋、脾气大、死犟等标签。

这些标签不仅解决不了问题，而且可能让问题越来越严重。长此以往，孩子的不良行为可能会变本加厉，进而引发更大更难解决的问题。是什么让父母在教育孩子时如此被动呢？

原因论误区

作为成年人，我们已经习惯了发现问题追溯原因，并试图从原因中总结经验。我们将这种思维方式叫做原因论。这是一种非常高效的生存策略，但有一个明显的缺陷：原因论分析的客体通常是具象的——无法改变的结果、具体的行为动作、采用的策略方案。

使用原因论首先对结果、行为、方案进行定性，然后追着这个性质一路查找原因，从而让分析受限，导致分析结论片面化、表层化。这主要表现在两个方面：二元对立思维和双重概念论。

二元对立思维是指用简单的概念把事物分成两个对立面，并对其进行非此即彼的思考。比如，善恶、成败、高低、胖瘦等。当我们将分析对象定义为负面时，就会一味地放大整个过程的负面原因，而忽略其中正面的东西。反之亦然。

父母发现孩子上学经常忘带东西，就会以遗忘为线索在孩子身上寻找蛛丝马迹。于是，他们发现，孩子睡觉太晚，不做提前准备，东西乱扔，经常找不到，或者孩子记忆力不好，等等。最后得出结论，孩子爱忘东西是由这些五花八门的表象导致的，但是这些表层原因并不能从根本上解决孩子上学老忘带东西这个问题，最后只好声称自己的孩子患了"健忘症"。当父母面对一个"健忘症"孩子的时候，就很难发现他在某些方面超群的记忆力，比如，歌曲听一遍就会唱了，足球看个示范动作就能踢了。

二元对立思维是一种静态视角，认为事物是一成不变的，或者很难改变的。因此，很多父母习惯性地给孩子贴上各种各样的标签，而这些标签的本质就是将孩子固定在某一状态，并认为这种状态很难改变。

双重概念论则是指人们在生活中奉行着不同且不一致的道德标准。这些标准甚至相反，它们由大脑调度，来应对不一样的事情。反之，不一样的事情，会激活不一样的框架。不同的或者对立的概念之间相互抑制，切换自如。比如父母对自己孩子的成绩要求很严苛，稍有波动就很生气，但对别人家孩子的成绩就很宽容，认为成绩波动是正常现象。一个系统开启了，另一个系统就被关闭了。双重概念论还依赖于双重概念论和精神深度绑定，不同的事情绑定不同的系统。同样是跳水玩，父母刚批评完自己孩子淘气，立刻就对别人说一句"你家孩子好可爱"。

换句话说，父母使用原因论解释孩子行为时，会将孩子行为与该事件在自己脑海中绑定的评价体系进行强关联，从而只能获得片面答案。

原因论靠着原因解释世界，让我们一味地关注过去，认为一切都是由过去决定的，根本无法改变，从而裹足不前。遗憾的是，原因论是父母分析孩子不良行为最常用的一种思维模式。

实际上，任何具象经历本身都不是孩子产生不良行为的根源。父母给孩子贴上的任何标签，都是过去一段时间孩子给他们带来的感受，是父母对孩子"不良行为"的主观印象，而这些印象本身解决不了孩子的任何"不良行为"问题。

行为背后的目的

什么才能真正解决孩子的"不良行为"问题呢？目的。一旦弄清楚了孩子"不良行为"背后的目的，就会有相应的方案和策略。

人类的大多数行为都是有目的的。依照行为目的反过来解读行为，这些行为都显得合情合理。这就是目的论。它和我们习惯凡事都追根溯源的原因论视角正好相反，怎么理解呢？

有一天，阿猫在家里正在进行一项非常重要的临时工作。正当阿猫焦头烂额的时候，孩子突然冲进了他的工作间，让他难以安心工作。于是，阿猫大发雷霆，呵斥孩子："我现在很忙，滚出去！"事后，阿猫十分内疚。请问：怎么解释阿猫的行为？

大部分家长给出的答案是：阿猫需要安静工作，孩子捣乱干扰了他，所以，他大发雷霆。但是千不该万不该，真不该责怪孩子，因此，阿猫很内疚。这就是原因论。它是一个聚焦在具体行为上的封闭状态，事情已经发生了，结果无法改变，阿猫只能被后悔内疚等负面情绪挟持。

如果从目的论的角度来分析，阿猫大发雷霆其实是为了释放工作压力，孩子正好成了"出气筒"。虽然这不是一个明智的行为，但是从目的出发就不难理解这一行为了。阿猫内疚没有用，他需要做的是向孩子道歉。这就是目的论，它是一个聚焦在未来的开放状态，事情已经发生了，无法改变，但是结果可以动态渐进，比如，向孩子道歉，或进一步思考更多应对孩子捣乱的方法，供以后参照。

发现没有？目的论和原因论在解释同一行为上能获得完全不同的思路和结果。原因论封闭式的答案更像是盖棺定论，不但难以从根本上解决问题，还容易让人掉入讨论失误的误区。一个人只要确定了某个结论，就能搜集很多证据来证明自己的观点，而忽略其他证据，从而把自己封闭在这个结论里。与之相比，目的论的解释具有开放性，也更具积极意义，能带领我们走向更远的地方。

想象这样一个场景：由于孩子成绩不理想，你对他发火了。

我们先使用原因论分析一遍这件事情。你刚才对孩子发火了。为什么对孩子发火呢？因为孩子考试成绩不好。孩子为什么考试成绩不好呢？因为孩子没好好学习。孩子为什么没有好好学习呢？因为孩子上课分心，放学不按时完成作业。为什么……继续分析下去，你会得到一大堆原因，这些原因会进一步激发你的负面情绪。

再换到目的论视角重新分析一遍。你对孩子发火的目的是什么？想让孩子提高学习成绩。发火对孩子提高学习成绩有用吗？没有。那么，什么对孩子提高学习成绩有用呢？协助孩子制订学习计划，帮助孩子搭建思维模型等。

原因论和目的论的转换并不是诡辩，而是同一问题的不同视角。当然并不是说原因论不好，目的论好。原因论本身就是一个很好的策略工具，要不然大脑也不会为它建立快速通道。所以在陪伴孩子成长的过程中，父母要学会灵活运用这两种工具。

通过原因论的分析，父母能获得一些解决问题的突破口，并通过目的论给予正向解释，让孩子接纳自己，同时寻找改善的可能途径。

从原因论到目的论

原因论是大部分人大脑的默认模式，一不留神就会进入这个快车道。所以，父母要有意识地使用目的论，把孩子所有的行为都当成提醒，不要急于下结论，而要主动探寻它们背后的目的，在此基础上理解孩子的行为，从中找出问题，帮助孩子实现成长。

这不是一件容易的事情。一方面，目的源自孩子内心需要，父母很难第一时间捕捉到。父母需要掌握很强的沟通能力，这个在后面章节会详细讲述，这里我们先来看另一方面。

另一方面是孩子不具备完整表述的能力，以至于父母难以了解孩子行为背后的目的，或者知道目的，但孩子因对目标认识不清或方式方法不对，导致行为出现问题，进而无法实现目的。

首先看孩子不具备完整表述能力的情况。孩子拥有不错的觉察和行动能力，但语言能力需要后天慢慢学习积累。在表达自己的行为目的时，他们要用自己极为有限的词汇、语法及认知解释复杂的行为和意图之间的关系，难度可想而知。父母在了解孩子行为目的时，不能一味地听孩子在说什么，还要注意观察他们的表情、神态、肢体语言等。同时，向孩子多角度反馈自己的理解，并让他们进行确认。请注意，孩子很容易受外界干扰影响，在跟孩子沟通时，尽量不要使用提示性、引导性的词语，多从客观行为入手，尽量帮助孩子还原当时的场景，这样有利于孩子在大脑投射当时的场景，进而更好地表达自己的目的。

我们再来看因对目标认识不清或方式方法不对而导致行为出现问题的情况。

有些孩子会低估目标实现难度，做事比较急躁，经常得到失败反馈，进而挫伤自身锐气。有的孩子会高估目标实现难度，做起事来畏手畏脚、瞻前顾后。

对于前一种孩子，父母要帮助他修正目标，拆分目标；对于后一种孩子，则要多多鼓励，让孩子勇敢起来。

比如：孩子看见你在搬东西，于是前来帮忙。他想和你一样一次拿上三五件东西，但是他拿不动，于是开始跟物件赌气，摔摔打打，踢来踢去，或者一件一件往外扔。这时有些父母会认为孩子在捣乱，指责孩子。这不仅解决不了问题，还会挫伤孩子的积极性。另外一些父母则会安抚孩子，帮助孩子拆分目标解决问题，通过一个个问题的解决扩充他们的经验库。

以终为始解决孩子的问题行为

父母基于自己的认知，使用原因论和自我感受来分析孩子行为，通常会得到一个不客观的答案，以至于孩子被"冤枉"。一个被一直冤枉的孩子成长迟早会出问题。

有这样一个常见的场景：孩子为了让父母给自己买玩具在玩具店大哭大闹。经典的一幕上演了：孩子越是哭闹，父母越不给孩子买；父母越是不买玩具，孩子越是哭闹。同时，引来无数人驻足观望，让父母颜面尽失。他们挽回颜面的手段无非两种，一种是买玩具走人，一种是孩子爱哭就让他哭个够。

孩子的显性目的是买玩具，采用的方法是哭闹。如果父母买玩具走人，在孩子的经验库里，就会留下哭闹这个宝贵方法。如果父母选择任由孩子哭个够，那就陷入权力之争，无法给孩子的经验库增加内容，这当然也不是一个很好的选择。

既然如此，父母为什么会选择这两种行为中的某一种，或者选择后者无效后又选择前者呢？答案很简单，在原因论快捷通道中，这两种方法最简单也最有效。要想从根本上解决问题，父母开启目的论视野是关键。

继续沿用买玩具这个例子。孩子哭闹起来，情绪已经很激动了。

首先要做的就是安抚孩子，让他的情绪缓和下来。被情绪裹挟的孩子不可能跟你一起进入下一步。不同年龄段的孩子采用的方法不同，因此，平时要多教孩子一些情绪管理的方法。

其次，同理孩子的目的和感受，并指出哭闹不是一个好的选择。让孩子感到自己被看到，而且被理解，被接纳，而不是被漠视。可以告诉孩子："我知道你想要这个玩具，妈妈没有同意你很难过，并想通过哭闹让妈妈妥协。想要玩具本身没有什么问题，只是方法欠妥。"

再次，解释原因并告诉孩子你的感受和需要。比如跟孩子说："家里已经有同样的玩具，没必要再买。你这样做让妈妈很尴尬，很伤心，妈妈需要你的尊重。"

最后，提供一个新的选择。比如："哭闹不是索取玩具的好方法，你能告诉我你必须要买这个玩具的理由吗？理由充足的话，咱就买了。"

当然，这是一个理想化的场景，实际沟通比这个更为复杂，但底层逻辑和模式是一致的。这里解释一点，最终选择把落脚点放在买玩具并不是妥协，而是为孩子经验库增加更为妥当的方法。最终解决路径需要将父母的目的和孩子的目的相结合，在此基础上找到一个满足双方的策略。孩子更深层次的目的可能不是买玩具，而父母的最终目的始终是为孩子提供更多的成长经验。

没有不犯错的孩子，或者说，犯错是孩子成长的必要环节，甚至可以说，孩子就是在犯错中长大的。然而，你眼中的错误，在孩子眼中可能就是实现目标的最好策略。父母只有站在目的角度看待孩子的行为，以终为始，才能真正理解孩子的行为，找到他们的实际需要，给足孩子空间和时间，让他们感受到尊重，收获丰盈的内心。

父母始终要记住一句话：小孩子能有什么坏心眼。

第四节　自决理论，孩子成长的原动力

人的大多数行为都是为了达成某个目的，而每个目的背后又是一个又一个实实在在的需求，这些需求便是人们付诸行动的根本动力。

心理学家爱德华·德西和理查德·瑞安对需求进行了分析研究，并提出了自决理论，该理论认为，对自主、能力和归属的需求代表追求目标的"正当理由"，因为它们对人类幸福至关重要。换句话说，人类的一切行为都可以通过自主、能力和归属这三个需求维度来解读。研究发现，自主、能力和归属需求的均衡发展是一个人幸福感的重要决定因素，而且人们在同时满足这三项需求时自尊心最高。成人如此，孩子亦是如此。

自主需求

自主需求主要体现在人们对自由、个人控制和自由选择的渴望。自主需求对孩子的成长非常重要，如何启动孩子的自主需求呢？

孩子跟父母一样，是一个独立的个体，是一个人。当父母觉得对孩子失去控制时，不妨想想看，孩子的行为是不是为了满足

自己的自主需求。如果是，那就为孩子提供可选择的环境，让孩子觉得这是自己的选择，而不是父母的选择。

具体方法如下：

首先，不要给孩子贴任何标签。

无论正向的还是负向的标签，一律不贴，就事论事，让孩子了解你的感受和需求即可。比如，孩子没有跟人打招呼，你可以说："今天你见了王阿姨没有打招呼，妈妈觉得你有点没礼貌，妈妈希望你见到熟人能够主动打招呼，好不好？"

其次，取消奖惩措施等外部因素。

奖惩措施很可能会引发过度合理化效应，或者逆反心理。什么是过度合理化效应呢？当孩子正在做他们喜欢的事情时，父母为了鼓励这一行为给出的奖励，反而会削弱或者破坏孩子的内部动机，最终使其动机下降。孩子喜欢做某件事情，证明孩子有内部动机。这类事情本身就是孩子的自主选择，父母只需要让其自然流淌就可以了。

值得一提的是，过度合理化效应只存在于物质奖励，精神奖励反而会激励孩子的内在动力。暖暖的很多学习行为都是在全家人的鼓励和赞赏声中进行的："哇，暖暖居然会跳了，真棒""呦，暖暖居然给爸爸分享了好吃的，谢谢你""嗬，大家快来看，暖暖居然能够自己爬楼梯了！大家快给暖暖点个赞"。

最后，为孩子提供更有利于选择的环境。

孩子不喜欢吃蔬菜，做饭的时候可以让孩子帮忙择菜；

给孩子买衣服的时候，让他们自己选择；

不想让孩子吃糖果，就把水果放到更容易拿到的地方……

多种选择让自主需求更容易实现。

能力需求

能力需求是指人们对有效性、能力和成功的基本欲望。它关乎一个人的自我价值感。前文中，我们反复提到孩子渴望获得能力，始终在独立成长之路上披荆斩棘。这种渴望从婴儿时期就开始了，孩子天生对新事物充满好奇，他们天生渴望探索未知。

在获得能力的路上，自我效能感对孩子的影响很大。所谓自我效能感，是指一个人对自己完成某一任务的能力的看法或信念。自我效能感越强，我们就越认为自己有能力完成任务。反之亦然。

自我效能感与实际能力不是一回事，一个人不仅需要有能力，还需要把这种能力转化为可感知的能力水平。什么意思呢？一个人能力水平包括了自身的实际能力和他对实际能力的感知程度。有这样一些学生，平时学习非常好，但是考试怎么也考不好，很可能就是对相关科目的自我效能感太弱导致的。

科学家经过大量研究发现，自我效能感和实际能力对任务的完成帮助通常是三七开，自我效能感三，实际能力七。换句话说，一个人越是相信自己的能力，实现目标的几率就越大。

自我效能感从何而来呢？一个人的自我效能感来自于对完成任务的归因。一般情况下，我们会把已完成的任务从两个维度进行归因：一个维度是内部因素或者外部因素，来自自我的原因就是内部因素，来自环境或者他人的原因就是外部因素。比如，孩子通过了围棋等级考试，如果认为是自己能力使然，就是内部归因。如果认为是考试题太简单，就是外部归因。另外一个维度是稳定性或者非稳定性。经常出现的原因具有稳定性，偶尔出现的原因则具有非稳定性。比如，孩子认定自己永远考不进班级前十，就是稳定性。孩子认定自己偶尔能考进班级前十，就是非稳定性。

这两个维度组合在一起便形成了四种归因组合，主要表现为能力、努力、难度、运气。具体组合方式如下：

能力：内部因素+稳定性；

努力：内部因素+非稳定性；

难度：外部因素+稳定性；

运气：外部因素+非稳定性。

把完成任务归因为能力，自我效能感最高。把完成任务归因为运气，自我效能感最低。反之，把任务失败归因为能力，自我效能感也会变低。把任务失败归因为运气，自我效能感就会变高。

孩子的归因模型源自父母对孩子能力的归因。父母不但要帮助孩子习得某项实际能力，还要帮助他们相信自己拥有了这项能力。逐步放手让孩子去做他们能力范围内的事情，在孩子完成后给予能力归因反馈，实际上就是在帮助孩子建立较高的自我效能感。这一点，有些父母通常做得并不是很好。

有些父母非但没有帮助孩子建立自我效能感，还会削弱自我效能感。父母会习惯性地质疑孩子的能力，在孩子获得某项成绩的时候，会说："这都是你努力的结果。"甚至说："这都是你运气好。"努力听上去很正面，认为成就源自孩子的内部因素，但是这个因素不稳定，它是偶然出现的，这在一定程度上间接否定了孩子的能力。运气就更不用说了，直接否定了孩子的自身因素，认为孩子的成绩由外部因素促成，而且这个外部因素极其不稳定。反之，当孩子任务失败后，父母会理所应当地将原因归为孩子能力不够，这种归因赤裸裸地否定了孩子的价值。

较低的自我效能感大大降低了孩子的能力水平。然而，能力水平又是构建自我概念的重要因素。我们向别人介绍自己的时候，通常都会跟自己的能力挂钩，比如，我是一名司机，我是一名医生，我是一名骑行者。有趣的是，我们的自我概念跟能力挂钩越紧密，我们就越能在这项能力中品尝到成功的喜悦和失败的痛苦。反之，如果能力跟我们的自我概念相去甚远，那么任务的成功与否对我们的影响也会很小。一个舞蹈演员并不在意自己是否会骑自行车。

拥有灯笼般注意力和对独立能力十分渴望的孩子，最先构筑的自我概念是"我有价值"。这个价值通常指的是人的一些基本的独立能力。这些独立能力对于成人来说微不足道，比如，说话、走路、吃饭、蹦跳等，但对孩子来说弥足珍贵。如果孩子已经发展出来的独立能力被较低的自我效能感拖累，孩子在自我评价的时候就很难感到"我有价值"，从而自尊水平也会降低，并进一步影响孩子自我接纳能力的发展。

这里需要注意的是，在实际生活中，孩子自我评价时，很多时候会跟同龄孩子对比，受同龄人影响。除此之外，自我评价还跟父母对孩子能力的归因密切相关。父母更多地将任务完成归因为孩子的能力，将任务失败归因为运气的话，孩子的自我评价也会较高。越是低龄的孩子越是如此。孩子能够完全进行社会比较已经到了青春期了。

自我评价比较低的孩子在任务面前不会主动去攻克它，而是以防御为主。这种防御主要表现在以下三个方面：

第一，功劳都是自己的，失败与自己无关。比如，学会骑自行车了，就是自己能力强；学了好久都没学会就是自行车不行或者教的人水平不够。

第二，人为创造障碍阻止自己顺利完成任务。自我评价较低的人在完成任务前会给自己制造一些障碍，从而方便任务失败后有足够的借口。比如，考试前一晚通宵达旦没睡好觉，进而导致考试失利。

第三，找借口把内部原因推向外部。任务失败后，不从自己身上找原因，而是从他人、环境、社会等外部因素为自己的失败找借口。比如，作业没写完归咎于邻居在装修房子，噪声太大。

如果孩子有以上表现，说明孩子的能力需求没有得到满足。父母值得注意的是，这些表现不仅出现在童年和青少年时期，还可能会延续到他们成年。因此，父母在帮助孩子获得相关实际能力的同时，还应该帮助孩子提升自我效能感。

除了前文提到的将成就归因为孩子的能力，将失败归咎为运气外，还应积极看待孩子的"不良行为"。

将孩子的调皮捣蛋归因为想要获得父母关注；

将孩子跟父母的权利之争归因为孩子想要满足自主需要；

将孩子的不佳表现归因为想要获得父母帮助……

这样归因不但会让你跟孩子的关系更加亲密，还会让孩子获得较高的能力水平，从而拥有"我有价值"的感觉。

归属需求

人不能离开群体而活，即便住在瓦尔登湖畔的亨利·戴维·梭罗也一样。他在《访客》中这样描述对群体的渴望："我也跟大多数人一样喜爱交际，任何精神旺盛的人来时，我一定像吸血的水蛭似的，紧紧吸住他不放。"

任何人都有归属的需求，都渴望成为群体一分子，这是一种希望与他人形成并保持积极的人际关系的需求。获得归属需求会让我们找到存在感，并产生"我有位置"的感觉。这种"我有位置"的感觉通过"我有价值"的能力展示出来。但是，与能力需求和自主需求这两种个性化需求不同，归属需求是一种同化需求，它把人群划分为群体内和群体外两个部分，并希望自己跟群体内成员趋同。

家庭是孩子天然有归属感的地方。很多父母都觉得自己的孩子不会缺乏归属感，毕竟他们为孩子提供了一个舒适温馨的家，孩子可以在家中自由自在地生活。

父母虽然不会刻意剥夺孩子的归属感，但通常会忽略、忽视、拒绝孩子。常见的现象有：把孩子扔到一边，自己玩手机、聊天；对孩子学习以外的成绩视而不见。

社会认同理论认为，归属可以给人带来自尊感。社会群体影响一个人的自我评价水平，自我评价水平又是自尊的直接来源。我们自尊的高低会随着自己在群体中的表现而发生变化，表现良好，自尊就会提高，反之，自尊就会降低。

那么，父母如何满足孩子的归属需求呢？

首先，孩子天然地寻找归属感，父母要积极解读孩子发出来的联结信号。让孩子拥有归属感的最好办法就是父母的陪伴。父母可以通过读绘本讲故事等方式跟孩子产生联结，也可以通过踏青、游戏等方式跟孩子产生联结。关于陪伴，在后面章节会详细讨论。邀请孩子加入自己正在做的事情，帮助自己做事，也是满足孩子归属需求的好方法。

其次，除了家长的陪伴外，同龄伙伴也很重要。在权威阶段，父母就应该注意孩子社会能力的培养。拥有较强亲和力和解决问题能力的孩子，一般都会有很多好朋友。还有就是，养一只属于孩子的宠物，也能让孩子获得归属感。

再次，多跟孩子沟通，及时发现孩子遭遇的外界排斥。很多孩子受到欺凌之后不知道向谁求助，有的孩子回到家里甚至还会遭到父母的指责。因此，他们会感到孤独和沮丧，慢慢开始缺课，甚至辍学。

最后，培养和肯定孩子的能力。能力会让孩子感到自己有价值，从而在群体中找到自己的位置。

激活孩子的内部动机

如果行为目标与自主、能力和归属需求相关，孩子的行为就会受到内在动机的驱动。这时，孩子行为本身就是目的，不需要任何外力助推。孩子在内部动机的推动下会觉得正在做的事情很有意义，从而更有耐心、活力、创造力，并能从中获得幸福感。

由内部动机驱动的行为往往都不需要奖励，如果非要奖励就多给孩子一些精神奖励，比如口头赞赏。如果是物质奖品，请说明其中包含的荣誉和肯定。另外还要注意物质奖励不能太频繁。太频繁的物质奖励会产生过度合理化效应，让孩子的内部动机减弱。

但是，如果行为目标与自主、能力和归属需求无关，那么孩子的行为更多会由外部动机来促成。父母常用的奖惩措施、家庭规矩等就是外部动机。实际上，孩子的大部分行为都是受外部动机驱使的，只有少数行为受内部动机驱动。庆幸的是，外部动机和内部动机并非单独存在，更像是一个综合体。外部动机可以转化为内部动机。比如，一开始孩子为了避免惩罚才去学习，后来发现了学习的乐趣，最终为了享受兴趣去学习。

为了体现动机是个综合体，爱德华·德西和理查德·瑞安根据人们行为中自主程度因果感知的不同，将动机分为缺乏动机、外在动机和内部动机三大类。如果传递能力不足或者目标无价值的信息，孩子就会缺乏动机。如果传递自主、能力、归属等自我决定能力的信息，孩子就会产生内部动机。如果迫使孩子以特定的方式思考、感觉或行为，就会减弱内部动机，同时也会由无动机转入外部动机。

这么说有点抽象，我们来看两个故事。

阿猫本来对攀岩缺乏动机，认为攀岩毫无意义。父母通过奖惩措施，迫使阿猫去学习攀岩。于是，阿猫在外部动机的驱使下学会了攀岩。通过学习与实践，阿猫发现了攀岩的乐趣，教练也在一旁不断鼓励孩子，并告诉孩子："你天生就是攀岩的料。"这样孩子对攀岩就产生了内部动力，慢慢爱上了攀岩，并享受攀岩的过程。这就是孩子从缺乏动机到外部动机，再到内部动机的转化过程。

一位智者搬家到一个山村休养。村里有一群孩子每天都会到他家门口玩耍，吵得智者无法好好休息。一天，智者把这群孩子叫到自己跟前，告诉他们："你们每天来我家门口玩，我给你们一人10块钱。"孩子们特别高兴，每天来玩还有人给钱，多好的事情啊。随着时间推移，孩子已经习惯了每天来玩就有钱拿了。智者突然宣布："从今天起取消奖励。"孩子们想："不给钱凭什么让我们到你家门口玩。"于是，孩子们再也没有在智者家门口出现过。孩子们到智者家门口玩耍起初只是源于内部动机，智者将其转化为外部动机，随后又撤销外部动机，让孩子们失去动机。

由此可见，父母可以通过对动机的介入来改变孩子的行为。简单来说，父母只需要对孩子的行为赋予自决能力信息，就能激活孩子的内驱力。不过，说起来简单，做起来难，故事通常都理想化，实操起来总会遇到各种各样的麻烦。

父母如何利用自决理论激活孩子的内部动机呢？

首先，积极正面地归因孩子的行为。

心理学家海德发现，人们会自然地对其他人的行为进行归因。父母一般就是通过这种天然的归因来解读孩子行为的。比如，父母让孩子打扫房间被拒绝了。有的父母会认为孩子不听话，有的父母会认为孩子在忙，有的父母会认为孩子可能觉得房间挺整洁的。

对孩子行为的归因决定了父母接下来的行为，而父母的行为会直接影响孩子的行为及感受。通常积极的归因让父母接下来的行为变得温和，而消极的归因则会让父母接下来的行为倾向暴力。孩子在父母温和的态度中能够感受到自决能力，从而增强内部动机。暴力倾向则会破坏孩子的自决能力，从而减弱内部动机。

如果父母能够从行为背后的目的和需求出发进行归因，一般都会获得正面积极的意义。孩子拒绝了父母打扫房间的请求，可以归因为孩子有更重要的事情要做，他们会安排其他时间来打扫房间。如果以此为出发点进一步沟通打扫房间的事情，就会轻松很多。

其次，无条件地信任孩子。

信任是人与人之间联结的基础。如果孩子发现连父母都不信任自己，他们就会解读出这个世界上没有人能信任自己。一旦出现信任危机，孩子的归属感就会荡然无存。相反，如果选择信任孩子，相信孩子能够做出正确选择，相信孩子有能力，不但会提升孩子的自信，还能满足孩子的自主、能力和归属需求。

无条件信任并不是孩子说什么就是什么，而是相信孩子提供的信息是客观事实的一部分。任何人的视角都有局限性，却只能提供自己一方的有限信息。父母不但不能因为孩子信息的局限就认定孩子在撒谎，还要教会孩子应对有限信息的方法。

举个例子来说，老师告诉家长"孩子上课随意走动"，孩子矢口否认。父母不能直接判定孩子在说谎，而应该让孩子提供他们视角下的信息。比如孩子说："我看见××同学背后被人贴了张纸，想帮他取掉。"你看，这条信息跟老师说的上课随意走动，就是对一个客观事实的不同解读。如果一味地根据老师提供的信息批评孩子，甚至强迫孩子承认自己上课随意走动，就是对孩子行为的负面消极归因。

在这个例子中，老师和孩子都没有说谎。在获得孩子视角之后，肯定孩子的行为目的，然后提供消除误解的方法。"你帮助××同学拿掉贴纸的目的很赞，不过，方法有点欠妥哦，毕竟正在上课，一声不吭走到××同学背后会影响课堂秩序。我们一起来想想还有哪些办法既可以帮到同学，还不影响课堂秩序，怎么样？"

然而，很多父母跟孩子的对话最终演变成如下内容。

父母怒不可遏："错了吗？"

孩子委曲求全："错了。"

父母继续盘问："错哪了？"

孩子不知道怎么回复。

父母继续逼问。

孩子只能违心说谎……

再次，父母需要改变自己强势的语言习惯。

父母的常用语中很多带有控制、命令、比较。比如"你天黑前必须回家""如果考前十，就带你玩"，这些语言会让孩子背离自决能力，要尽量避免。与此同时，增加选择、赞赏、感激、温和、商量、理解、共识性质的话语。比如"你天黑之前回家，我们就能早点吃饭，妈妈也就不会担心你了"。总之，同样的意思，换一种说法，换一个表达框架，就能激活孩子的自决能力。

告诉孩子"你真棒"，就不如"你把房间整理得很整洁，这样的环境让家里每一个人都感到很清爽，谢谢你"。

告诉孩子"饭前必须洗手"，就不如"洗完手再吃饭，就不容易生病"。

告诉孩子"这次考试隔壁王二又比你名次高"，就不如"这次考试你又进步了"。

第四，巧用外部动机调节孩子行为。

外部动机能让孩子去做他们原本不喜欢的事情，也能减弱孩子内部动机。也就是说，外部动机是缺乏动机和内部动机的调节器。父母学会拨动这个调节器，就能在养育中事半功倍。

本质上，使用外部动机的主要目的是影响内部动机，它的成败取决于孩子从外部动机触发的事件中感受到的自主、能力、归属的心理意义。

什么意思呢？父母最常用的外部动机是奖惩和规范。然而，奖惩和规范的目的并不在于强迫孩子完成对应行为，而在于孩子在完成对应行为时产生的心理意义。也就是说，对应行为对孩子自主、能力和归属需求产生影响才是目的。

那么，外部动机触发的事件如何影响孩子的心理呢？

动机内化的过程分为外部调节、内摄调节、认同调节、整合调节。外部动机的目的是让孩子找到某件事的乐趣，从而产生兴趣，最后形成志趣。

外部调节的动机纯粹源自外部，比如不刷牙就不允许吃饭，考试得高分就奖励。这是从缺乏动机到外部动机的直接跳转。当精神奖励失效的时候，父母可以适当给予孩子物质奖励，促使孩子投入到相关活动中。但需要注意两点：一是奖励最好跟孩子的喜好挂钩，这样更能调动孩子的积极性。二是奖励的目的不是让孩子完成任务，而是让孩子从中感受到乐趣。

比如，孩子不喜欢围棋，父母可以跟孩子在棋盘上胡乱摆黑白子玩儿，先让孩子感受到乐趣很重要，有了乐趣，孩子自然愿意进行更多的探索。

有了乐趣，动机就会转化为内摄调节。内摄调节是一种略外部的动机类型，孩子会把奖惩和规矩内化，自我控制，不过最终目的还是获取外部奖励。内摄调节是纯粹的外部动机向内部动机转化的关键一步。这时奖励的主要任务是将孩子的目的和归因与自我联系。父母使用外部奖励时要注意赋予其更多精神意义，让孩子从中获得价值感，从而产生兴趣。

内摄调节的奖励以两种形式出现：一种是出其不意。

在孩子顺利完成任务或者取得理想成绩后意外给予奖励。这种奖励首先肯定了孩子的能力，同时还能增进亲子联结，让孩子获得归属感。

另一种是与孩子协商，一起设定目标和奖励。

这样奖励意味着能力的认可，沟通本身就是一次获得归属感的联结，而目标和奖励也是孩子的自主选择。父母的奖励要诚挚，切忌套路孩子，不能设置太烦琐的环节，也不能强迫孩子设定难以达到的目标。这一种方法通常更加有效。

有了兴趣之后，孩子行为的动机就会由内部发起。所以，认同调节和整合调解都是源自内部的动机，唯一不同的是，这种内部动机可能是为了证明自己的能力，可能是为了自我整合，而非完全的积极主动。这时父母重点在于帮助孩子了解任务，分解任务，进而更好地完成任务。奖励则以精神奖励为主，即便是物质奖励，也得赋予其丰富的精神内涵。其目的是，让孩子拥有志趣。

父母可以依据以上原则，设置长期奖励机制，细化目标任务，促进孩子完成任务。不同动机阶段采用不同的奖励方式。任何奖励都要足够尊重孩子，让物质奖励带有精神属性，引导孩子将行为和自己的自决能力关联。当孩子完全依赖内部动机的时候，物质奖励就该退场了。

记住，你给孩子的爱、你的陪伴，永远是孩子最期望获得的奖励。很好地使用这一奖励，孩子的外部动机更容易内化为内部动机。

下　篇

父母且慢，养育者的行为准则

第四章

情绪，亲子关系的撒手锏

第一节　管理情绪，学会利用暗理性

情绪管理是所有父母的必修课。

很多父母都有吼叫打骂孩子的经历，也有因为冲孩子发火感到后悔的体验。如何才能管理好自己的情绪，在冷静和谐的环境下解决孩子的成长问题呢？这一章我们将重点讨论。首先我们需要认识情绪。

情绪会遗传

在心理学上，情绪是对一系列主观认知经验的统称，是多种感觉、思想和行为综合产生的心理和生理状态。情绪源自大脑较为古老的部位——边缘系统。情绪的原始作用是为我们提供危险预警和行动动力。一旦周围发生变化，或者事情跟我们预期的不一致，就会产生情绪。因此，情绪是我们潜意识选择处理问题

的自动化程式。不同情绪会带来不同反应。

我们每个人都有自己的一套情绪处理程序。情绪处理程序受家庭影响。我们在与父母的互动中获得了自己的情绪处理程序，我们的程序中包含了一部分父母的影子，孩子又从自己跟我们的互动中获得了情绪处理程序，孩子的程序中又包含了我们的影子。

父母的不良情绪倘若得不到及时处理，最终可能会变成洪水猛兽，不但伤害自己，也会伤害孩子，甚至影响孩子一生。这不是危言耸听。短期来看，不良情绪会让孩子怀疑父母对自己的爱，令亲子之间产生嫌隙。长期来看，父母通过互动把并不正确的情绪处理方法传递给了孩子，这可能影响孩子一生。

情绪具有暗理性

管理情绪并不是说要彻底改变情绪处理程序，而是要对我们的情绪处理程序进行升级，从而使我们能够对情绪掌控自如。

我们的每一种情绪都有价值，无论是正面情绪，比如开心、满足，还是负向情绪，比如悲伤、愤怒，它们都在给我们发出提示，告诉我们发生了某种变化。有时我们的思维已经被情绪裹挟，无法理性思考，这时，我们就需要停下来寻找情绪产生的原因，让情绪自然流畅地从身体通过，然后，通过理性思维找到解决方法，做出选择。知乎心理学达人卫蓝认为，如果思维是理性的，那么情绪就是"暗理性"的。我们之所以受到情绪困扰，是因为它们失控了。

有人说，我脾气一直很好，不需要学习情绪管理。脾气好的确是会管理情绪的一种外在表现，但这不代表脾气好的人都会管理情绪。每个人的情绪处理程序并不相同，有人习惯压抑，有人总是宣泄，有人能够自如管理。由于情绪教育的缺失，真正能够管理情绪的人少之又少。很多情绪好的人只是在压抑自己的情绪。然而，情绪本身就是一头不讲理的野兽，它不过是想从你的身体借道通过，如果一味地用缰绳把它拴在身体里，不让它回归山林，迟早有一天它会挣脱缰绳以一种更为强大的力量伤害到你和周围的人。

事实上，那些脾气特好，最终被孩子搞崩溃的父母不在少数。我遇见过太多崩溃中的父母，他们一把鼻涕一把泪，"苦大仇深"地诉说着自己的经历："我是公认的好脾气，但是他（孩子）的所作所为，我真的很崩溃……无数次躲开他默默哭泣。有时候实在忍不住会朝他歇斯底里，有时还会吼叫他，甚至动手，可是之后不久我就后悔了，就内疚，他毕竟是个孩子。但是没有用，一点用都没有。我真不知道怎么办了？唉……"

如果家长因孩子出现负面情绪而未能及时处理，那么这个情绪就会累积下来，最终在某一时刻爆发。

实际上，负面情绪的出现是一个预警。它告诉父母，孩子的行为让我们内心有所变化，现在不要轻举妄动，而要把注意力放到自己身上，感受情绪，找到需要，并让情绪自然通过身体。等内心平和了，再把注意力放在孩子行为上，探寻孩子这个行为背后的目的或需求。最后，理性处理当前事件。这样做的话，情绪能量会顺利从身体通过，一方面家长不会产生情绪积压，另一方面也能理性跟孩子互动，让孩子感受到爱。

父母需要明白：情绪是你的，不是孩子的。面对情绪时，孩子永远是外部刺激源，你自己才是真正的主人。从课题分离的角度来看，孩子没有必要为你的情绪负责，也没有这个责任。父母冲孩子发脾气，本质上是一种推卸责任的做法。

掌控你的情绪

心理学家莉莎·费德曼·巴瑞特认为，我们根据对正在发生的事情的预测调节自身系统，进而产生某种感受，这种预测和感受跟大脑中原有的情绪概念相匹配时，便构建出了某种特定的情绪。简单来说，情绪是被我们构建出来的，跟我们的认知关系密切。

在非洲大草原上，我们遇见了一只雄狮，就会预测自己可能被吃掉，于是，我们调节身体的防御系统，产生了担惊受怕的感觉。这种预测和感受正好跟恐惧感匹配，恐惧情绪就这样被构建出来了。

任何行为都会产生心理活动，每一个心理活动也都会对应身体的某种反应。比如跑步不仅可以瘦身健体，还能让我们享受到运动带来的愉悦感。如果能够把这种联结为我所用，就更有利于掌控情绪。

每一种情绪都有价值。情绪已经来了，把它当成客人，给它留出空间和时间，只要我们不压抑它，不强行挽留，它来得快，去得也快，还可能成为我们的好朋友，帮助我们改变自己。

那么，怎么做才能掌控情绪呢？

一般而言，掌控情绪分为五步：觉察情绪、接纳情绪、探究情绪、表达情绪、转变认知。我们分别来看。

首先，觉察情绪。我意识到现在的我很生气，或很愤怒，或很开心……这些都属于对情绪的觉察。这一步不难做到，情绪来临时通常我们都知道。

觉察到情绪之后，不要急于处理，而要接纳情绪。我们很容易捕捉到明朗直接的表层情绪，但是情绪往往是成群结队来的，表层情绪下往往隐藏着很多其他深层情绪，它们混乱杂糅在一起，一时很难说清楚。与此同时，我们更关注当下情景产生的即时情绪，而忽略由当下情景触发的历史情绪，并且时常误把历史情绪当成即时情绪来处理。讽刺的是，父母在养育中所产生的情绪很多源自自己童年的历史情绪，以及更为复杂深层的情绪。

父母跟孩子朝夕相处，不知道孩子什么时候会惹毛你。所以，当情绪来临时，不要急于压制，或者宣泄，而是觉察它，探索它背后还有没有其他情绪。告诉自己：这些情绪是有意义的，它们在保护我，为了避免我受到伤害。

具体是什么伤害？自己被怎么伤害了？是不是历史情绪没有处理好？接下来探究情绪。情绪出现的前一秒自己感觉到了什么？自己为什么会有这种情绪？它的根源是什么？自己的想法又是什么？比如，长期压抑情绪突然崩溃了，崩溃的前一秒可能是觉得自己对孩子失去控制了，又或者觉得自己对不起孩子等。

然后表达情绪，让自己的情绪以合理的方式通过自己的身体。我们可以通过语言来释放情绪，告诉他人自己生气了，并且说明自己生气的原因。很多时候情绪说出来就好了大半，甚至全好。如果语言不足以表达你的情绪，你可以通过扔枕头、捶沙发、跑步等别的方式释放情绪。总之，让心理活动跟身体反应建立连接。

最后一步，转变认知。任何事物都有积极的一面，也有消极

121

的一面，通过以上四步，我们已经找到了自己的情绪模式，现在要做的就是将这些信念中的负面部分转化为正面，用正面积极的东西，去重新解释引发情绪的事情。同一事件，不同的解读，所引发的情绪和行为差别十分大。

为了更好地管理情绪，你可以使用情绪随手记。长期记录能直观感受自己的情绪处理程序，提高情绪颗粒度，并能通过反省升级自己的情绪处理程序。

情绪随手记包括时间、地点、情绪、事件、想法、愿望、行动、结果、尝试九个部分。看似很复杂，写起来并不难。比如，有一天，阿猫带着孩子在小区门口的花坛边玩耍，孩子爬上花坛准备往下跳，阿猫一把拉住他，并对他说："不要跳！"但孩子执意要跳，阿猫很生气，打了他一巴掌。孩子哇哇哭起来，阿猫有点后悔。这个过程该怎么记录呢？

时间：2022年4月1日14∶28∶10

地点：小区门口的花坛

情绪：生气

事件：孩子要从花坛往下跳，我不让，他执意要跳。

想法：担心孩子的安全。

愿望：孩子不要从花坛上往下跳。

行动：打了孩子一巴掌。

结果：现在有点后悔。

尝试：下次遇到相同情况，可以找一个稍微低一点的台阶让孩子跳。

写完后请把注意力放到愿望、行动、结果这三项，就能发现父母们的魔幻操作：希望孩子不要从花坛上往下跳，行动却是打了孩子一巴掌，结果孩子哭了，自己有点后悔。这就是父母的情绪处理程序，希望孩子能听话，行为却是压制孩子，让孩子更想反抗。新的尝试就是给自己一个提醒，让自己能更好地处理此类事件。管理情绪的核心是搞清楚事实和想法的区别，摆脱情绪对大脑的控制，让情绪朝着有利于自己的方向发展。

第二节　负面情绪,养育路上困住父母的大山

不好好写作业，惹猫逗狗，见了客人不打招呼，不整理房间……父母总被孩子身上的不良行为气得火冒三丈。养成写情绪随手记习惯的父母，经过一段时间的记录，会发现让自己崩溃的情绪竟然出奇地一致，最常出现的是下面这些情绪：恐惧与焦虑、羞耻、愧疚。

这里再强调一遍：很多时候父母发火的根源其实不是孩子，

而是自己。父母把情绪当成预警，深入探究自己内在不仅能够使自己变得平和，让自己更加理性地跟孩子交流，促进孩子健康成长，而且掌控情绪的能力和模式还能无形中传递给孩子，让他们一生受益。

情绪仪表盘

我们知道开车不看仪表盘，一味地往前冲，就无法了解汽车的真实状况，比如明明没油了还在踩油门，这样便无法正确操作。情绪其实就是人体的仪表盘。当情绪出现时，我们需要检查自己，了解自己的内在感受，知道当下发生了什么，自己需要什么，要注意什么。不同的情绪有不同的含义，提醒的内容也有所不同。

当恐惧与焦虑出现的时候，通常提醒我们有些事情给我们带来了难以承受的压力，它们让我们感到害怕。比如，孩子放学好长时间了也没见回家，于是，你给老师打电话。老师说，他一放学就走了。你在家长群里问有没有家长看到孩子，回答都是没有。而且其他孩子也都回家了。这个时候，你开始慌张了，猜想孩子去哪儿了？是不是遇到坏人了？一股莫名的担心和害怕涌上心头。

当羞耻出现的时候，通常提醒我们有些事情让我们觉得自己不如别人，丢了面子。比如，你想把孩子的玩具送给来访的亲戚家的小朋友，可是孩子死活不同意，抱着玩具不放手。这个时候，你会感到特别没面子，一股莫名之火灼烧着你，让你感到尴尬，难堪，无地自容。

当愧疚出现的时候，通常提醒我们想为他人负责，感觉自己对不起他人，产生了负罪感。比如，孩子想要你陪他玩，但你工作很忙抽不出时间。看着失落的孩子，你觉得孩子好可怜，进而觉得自己对不起孩子。

利用情绪仪表盘解读常见情绪，并且运用正确的方法面对这些情绪，能帮助父母扫清很多认知障碍，更加深刻地理解孩子，同时敢于放手，让孩子自由成长。

接下来，一起来看看这三种常见情绪仪表盘亮灯时分别代表了什么，应该怎么办。

恐惧与焦虑：幻想大于实际的压力

如果只能用一个词来形容父母对儿女的关切，我会选择担心。

父母从孩子还没出生就开始担心他们了。担心孩子的健康，担心孩子的安全，担心孩子叛逆，担心孩子走弯路，担心孩子的未来前程……孩子的成长史，可以说是父母的担心史。越担心越焦虑，越担心越恐惧。当承受不了这份焦虑和恐惧的时候，父母变成了歇斯底里，对孩子大吼大叫。

恐惧是一种大多数动物都有的基本情绪。一旦置身危险情景又无法脱身的时候，就会担惊受怕，从而产生一种强烈的压抑感，这种体验就是恐惧。恐惧情绪实际上是一种自我保护预警。

一旦恐惧仪表盘亮起，我们就会处于战斗或逃跑或冻结的状态，以便保全性命。比如，过马路的时候，一辆失控的汽车飞驰而来，这时你会感到恐惧，从而迅速躲闪。这就是恐惧带来的逃跑状态。当你抡起棍子准备打一只野猫的时候，它会乍起浑身的毛，直勾勾地盯着你，并发出低沉的怒号。这就是恐惧带来的战斗状态。孩子看到身后有一辆汽车缓慢行驶，站在原地浑身发抖不知道怎么办。这就是恐惧带来的冻结状态。

一个人最根本的恐惧就是对死亡的恐惧。美国作家萨洛扬在遗书中写过这么一句话："每个人都会死，但我总以为自己不会。"好在我们不可能随时处于生死边缘，孩子也不会总在危险之中。生活中，恐惧通常被另外一种情绪替代，它就是焦虑。

焦虑是一个人对即将到来的、可能会造成的危险或者威胁产生的紧张、不安、忧虑、烦恼等不愉快的复杂情绪。它主要表现为对自己或者亲人的生命安全、前途命运等过度担心。让我们焦虑的通常都是那些难以预测、难以应付的事情，其中最主要的表现就是对不确定性事件的负面猜想。父母最大的焦虑源自孩子的未来。

　　焦虑从某种意义上讲，就是切碎了的恐惧，也是一种自我保护情绪。它让我们深陷痛苦的目的是提醒我们避开让你感到焦虑的事情，或为了自己担心的事不发生而做出积极行动。比如，孩子学习成绩不好，父母就会为其请家教、报补习班。

　　你有没有这样一种体验：越是慌乱的时候越是想不出办法，越是害怕反而越害怕。人类相较于其他动物来说拥有更高级的理性思维。俗话说：办法总比困难多。人们总能在遇到问题的时候，找到更多方案和策略。但是，当大脑被恐惧和焦虑支配的时候，理性思维通道就会被关闭，只能应用最原始的战斗、逃跑或冻结反应来应对。于是，恐惧和焦虑中的人们经常选择报复、以暴制暴等方法，跟动物并无二致。

　　焦虑和恐惧情绪如果得不到及时处理，整个人就会被情绪挟持，使人处于一个极不稳定的状态，主要表现在动不动就莫名其妙地发火，说话像吃了枪药一样，这样的状态让孩子深受其害。可怕的是，你并不知道这股邪火从哪里来，发完火之后通常又很后悔，然后向孩子道歉或者解释。在孩子眼里，父母莫名其妙，喜怒无常，他们也不知如何是好。

　　只有及时管理恐惧和焦虑的情绪，该清理的清理，该发泄的

127

发泄，父母才能理性养育孩子，不会因一点小事就火冒三丈，也不会喜怒无常。要想清除恐惧和焦虑，就需要了解它们的来源。任何情绪都来自某一事件，只不过大部分情绪来自真实事件，而恐惧和焦虑不但源自真实事件，还源自想象事件。

什么意思呢？路上遇见一条大狗向孩子扑过来，这是真实事件，它在生活中真实存在，它是明明白白发生的客观事件。而小时候被狗咬过，长大了一直害怕狗，则属于想象事件。现实中这条狗并没有咬你，甚至向你示好，但是自己脑补了狗咬人的画面，从而产生恐惧。换句话说，这个事件只发生在我们脑海里，现实情景只是一个触发器。

养育中，真实事件给父母带来的恐惧少之又少，绝大部分恐惧都来自想象事件。换句话说，焦虑和恐惧更多时候是杞人忧天。由于对孩子的过分关注，父母会放大孩子的每一个行为，继而把这个行为跟遥不可及的未来联系到一起，从而产生担忧。孩子开口迟，就担心孩子不会说话。孩子长得慢，就担心孩子将来长不高。孩子成绩下滑，就担心考不了好学校，继而找不到好工作。甚至孩子身上芝麻粒大小的事情，都会被父母用滑坡谬误放大到未来生活不能自理。

那么，父母如何才能消除想象事件带来的恐惧和焦虑呢？

当恐惧和焦虑来袭时，不要急于作出反应，首先问问自己：

现在的恐惧和焦虑到底是客观存在的，还是主观想象的？

　　比如，你在书上看到一幅蛇的照片，十分害怕。这时问自己：这条蛇是真的吗？当你能说出这只是一张照片时，恐惧就消失了一多半。

　　孩子学习成绩不好，你担心他们未来生活艰辛，从而感到焦虑。这时问问自己：生活好与坏真的跟学习成绩有关吗？生活中有太多的例子证明它们之间的关系其实并不大。

　　孩子长得慢，就担心孩子将来长不高。这时问问自己：这是真的吗？到底是孩子真的长不高，还是我们自己觉得孩子长不高？查一查他的身高是否在正常范围内。有很多孩子刚开始长得不高，但是青春期之后会往上蹿很多。

　　其次，问问自己这种危险或者威胁未来发生的可能性有多大？你的依据是什么？这个依据准不准确？即便现在准确，未来还准确吗？父母的依据通常来自过去的生活经验，这种生活经验本身就是模糊的，通常会高估负面信息，而低估正面信息。

　　实际上，世界一直在变，标准也一直在变。上世纪上完大学还会分配工作，现在大学生遍地开花，自主选择就业。以前想要学习只能在学校里学，现在随时随地都能在网上获取大量的学习资源。世界在变，现在对的未来不一定对，养育孩子要站在未来视角看问题。有人说自己不能高瞻远瞩，那至少也得站在当下视角看问题，站在过去视角看问题意义不大。

完成以上两步，想象中的恐惧和焦虑基本就会消除不少，父母源自幻想的压力也可能就解除了。这时你可能要问：那真实事件引发的恐惧和焦虑又该怎么办呢？记住一条准则：恐惧和焦虑都是保护性情绪，它们是守卫我们安全的，找到威胁安全的源头，并解除它，这是关键所在。

羞耻：养育路上的绊脚石

先来看一个经典的场景：春节，亲朋好友欢聚一堂，有说有笑，孩子在一旁打闹着。不知道谁起了个头开始聊起孩子，于是，一场孩子大比拼悄然开启。不一会儿，小朋友们被喊过来开启表演模式：唱歌、跳舞、背诗……

不少父母都有过类似的体验，而且深知这并不是在比孩子，而是在比家长。才艺众多愿意表演的自然会获得满堂彩，父母脸上也有光，但是调皮捣蛋不愿意加入的孩子，通常会让父母略显尴尬，让父母感觉自己丢了面子，羞耻感油然而生。

作为家长，羞耻情绪很多时候都是在父母把自己孩子和其他孩子做比较时产生的。它是一种因人格、能力、外貌等方面的缺憾，或者思想行动与社会不一致产生的痛苦情绪。羞耻感是一种源自人内心深处的自我评价情绪。

　　羞耻感让父母觉得自己的孩子不是一个好孩子，自己也无法成为一名好家长。至于这个判断的标准，大致有两个来源。一个是大众认可的社会标准，即现行条件下大家都认为这么做是对的。比如，听话的孩子就是乖孩子，愿意分享的孩子就是好孩子，成绩好的孩子就是优秀的孩子。另一个则是自己想象出来的自己认定的标准。如果说社会标准还有参照的话，这个标准则完全是自己给自己画的陷阱。比如，孩子必须上私立双语幼儿园，必须上各种兴趣班，必须上重点学校。

　　在社会标准和自我标准的双重框定下，父母不经意间就会产生羞耻感。这个情绪的诞生过程很奇怪，人们通常会用自己的缺点跟别人的优点做比较。比如跟厨子比厨艺，跟司机比驾驶技术，跟裁缝比做衣服。在父母眼中，别人家的孩子满是优点，会唱歌、会跳舞、会画画、乖巧、聪敏、机智；自己孩子身上全是缺点，爱捣乱、不听话、不会算算术。只要发现孩子不如他人的地方，父母就会觉得羞耻。但是人无完人，再完美的人都有不如别人的地方。如果总拿自己的不足跟别人的优点相比，就会陷入羞耻的沼泽，难以自救。讽刺的是，父母明明知道这种对比不科学，但依然热衷于将自己孩子的缺点和别人家孩子的优点做比较。

　　在羞耻情绪的作祟下，父母觉得自己很失败，丧失了育儿的自尊和自信，从而让自己感到不好意思、尴尬、没面子，甚至无地自容，选择主动远离人群，自主性"社死"。这种行为会束缚一个人的主动权和行动权，极大地伤害自我。被羞耻情绪包裹的父母，往往不会承认羞耻，也不会跟孩子沟通自己的羞耻情绪，反而会以此为借口对孩子发脾气，批评孩子，从而把羞耻传递给孩子，让孩子也开始自我束缚，不敢尝试，价值感尽丧。

孩子考试没考好，本来心情就很低落，回到家后，父母感到特别羞耻，大声骂道："考试不及格，你还知道羞不？"孩子感到羞耻，无地自容。类似的场景还有很多。总之，父母就是这样慢慢把羞耻情绪传递给孩子的。

那么，父母如何才能消除羞耻情绪呢？

羞耻源自评判，评判结果是不如人，不如人主要体现在自身缺陷或不足上。父母想要消除羞耻，有两个办法：一是承认自己的脆弱，展示自己的缺陷和不足。脆弱、缺陷和不足，从某种意义上讲，属于客观存在，藏着掖着并不能改变现状。二是对评判标准提出质疑。

父母该向谁展示脆弱呢？父母可以直接告诉孩子，他们的某种行为让自己感到很羞耻，觉得没有教育好他们。或许你的痛苦会成为孩子改变的外部动机，使孩子慢慢实现蜕变。

再来看评判标准。无论社会标准，还是自我标准，都有可能有问题。父母只需把自己的评判标准带入实际例证就会发现，自己一直以来坚守的很多标准都有问题。比如，成绩高的孩子就是好孩子。谁承想手刃四名同窗的马加爵曾获全国奥林匹克物理竞赛二等奖。当羞耻情绪来袭时，要敢于质疑自己的评判标准，它会带你走进一片海阔天空。

无论是说出来，还是质疑评判标准，父母都要努力将羞耻情绪从自己身上消化掉，不要把它传递给孩子。羞耻就是人生路上的一块绊脚石，如果不及时踢走，你永远不知道它什么时候会绊倒你或者你的孩子。

愧疚：压垮父母的最后一根稻草

你有没有那么一瞬间觉得自己对不起孩子？

很少有父母能够自信地说："从来没有。"

生活中，总有一些事情让父母觉得自己有愧于孩子。不能给孩子报高价的补习班，无法满足孩子的物质需求，早早地给孩子断了奶，没时间陪孩子玩，等等，这些都有可能让父母心生愧疚。

愧疚情绪跟羞耻情绪一样是人类独有的情绪，都来自人的认知，不一样的是羞耻指向的是自己，愧疚指向的是他人。愧疚很多时候源自爱，是一种为别人的不愉快或者痛苦负责而自责的情绪体验。养育中，父母之所以愧疚，多半因为觉得自己对不起孩子。

跟羞耻情绪一样，父母通常将愧疚情绪深埋心底，不愿表达。父母总是觉得自己没有给孩子提供良好的生活条件，没有足够的能力帮助孩子，没有足够的时间陪孩子等。

为孩子付出，这是每一位家长的基本责任和义务。在物质匮乏年代，大家的付出大差不差。到了物质丰腴的当下，父母能给孩子提供的内容差异就显现出来了。经济条件好的父母可以给落后的孩子报各种补习班，甚至可以请一对一家教，然而经济差的父母面对孩子的落后则无能为力。这使得愧疚慢慢演化成了一场父母攀比大赛。

适当的愧疚能够让人反省，不断提醒我们做出积极改变。然而当下发生在父母身上的愧疚却是一种混合了负面情绪和错误认知的痛苦感受。父母养育孩子时，会放大自己的失误，让自己陷入错误的自我认知，从而引发自罪感。因此，被愧疚裹挟的父母一般不会对孩子发脾气，反而会自我批判。

这是一种扭曲的自我批判。愧疚让父母觉得孩子的痛苦都是自己导致的，从而不断远离真相，陷入无尽的自责中。父母的万千感受最后汇成一句话：一切都是爸爸妈妈的错。愧疚是压垮父母的最后一根稻草，让他们在自责中崩溃在养育的路上。

愧疚感通常深藏内心，不易被发现。父母如何觉察自己的愧疚情绪呢？愧疚情绪有一个固定的表达句式："要不是爸爸（妈妈）……，也不至于……"比如，"要不是爸爸太忙，也不至于没时间给你讲题。""要不是妈妈太不小心，也不至于让你受伤。""要不是爸爸妈妈能力不够，也不至于让你生活在这样一个不好的环境中。"当说出类似这样的话时，就意味着情绪仪表盘上的愧疚灯亮了。

孩子长期生活在充满愧疚感的家庭，可能会逐渐丧失责任感，霸道、固执，认为自己不用为任何事情负责，并且会以"都是爸爸妈妈对不起我"为理由提出匪夷所思的要求。

那么，父母如何管控自己的愧疚情绪呢？

本质上，愧疚情绪来自错误认知，改变错误认知愧疚情绪才能消退。

首先，接纳愧疚情绪，并把自己的感受告诉孩子。要知道，父母觉得愧疚的事情在孩子看来或许根本不值得一提，甚至可能有更好的解决方案。愧疚情绪的根源在孩子身上，是父母觉得孩子可能有需要，自己没能满足，觉得对不起孩子。但是，孩子可能并不这样认为。

你答应孩子周末带他去游乐场，到了周末，自己加班太忙没抽出时间。你对孩子说："爸爸（妈妈）这个周末太忙，所以没能带你去游乐场，觉得对不起你。"也许听了这话孩子就乐了，说："我去同学家玩得很开心，游乐场以后有空了再去也行。"

其次，找到引发愧疚情绪的根源，总结经验，并改变错误归因。父母不是万能的，不能满足孩子的所有需要。只要在自己能力范围内让孩子健康快乐成长就足够了。

还是刚才那个例子。你向孩子表达了自己的愧疚情绪，但是他没有接受，并说："你总是骗我，我都习惯了。"这时，千万别顺着孩子的话自责，更不能给自己贴上无能的标签。而是跟孩子沟通弥补措施，或者邀请孩子成为你的小助手，一起完成正在做的工作。孩子真正需要的可能并不是去游乐场，而是跟你待在一起。

其实，产生愧疚的地方往往也是阻断愧疚的地方。只要父母不过度解读自己对孩子的亏欠，愧疚带来的应该是反省，而不是无尽的后悔和遗憾。这个世界上是没有卖后悔药的，对错误事件的总结，对错误认知的矫正，不断总结养育经验，让错误不二过，才是面对愧疚情绪正确的处理方式。

或许你想给孩子的，认为亏欠孩子的，并不一定是孩子真正想要的。任何时候，孩子最需要的都是你的陪伴。只要能和你互动，跟你交流，他们就很开心、幸福。

第三节 悦纳自己，疗愈你的"内在小孩"

你是否有类似以下的记忆：

三岁那年，爸爸妈妈吵得很凶，你特别害怕，躲在一边不敢出声。

四岁那年，父母未经你的允许，把你最喜欢的玩具送给了亲戚家的小朋友。你伤心地哭了，父母却不屑地说："不就是个玩具么，有什么好哭的。"

七岁那年，父母给你报了一个你不喜欢的兴趣班，你不喜欢却无法抗拒父母的威严。父母时常对你说，人生不能输在起跑线上。

十岁那年，你的成绩开始下滑，每次考完试你都很紧张。父母总希望你能考个好成绩，你却总让他们失望。

十三岁那年，你第一次拒绝跟父母沟通，却被他们暴揍了一顿。

这些事情从未远离我们，它们变成了一个心理实体"住"在我们身体里，心理学家称其为"内在小孩"。在心理学上，"内在小孩"是一个隐喻，它是我们对创伤记忆的投射，包括童年阴影和在过去遭受过的创伤事件。这些投射记忆可能是具体的事件，也可能是已经忘了的具体事情的情绪记忆。

在养育中，"内在小孩"扮演着一个极为重要的角色，它既能成为父母养育孩子的最佳蓝本，又能变成破坏亲子关系的凶手。

认识"内在小孩"

当我们发现心里想的和现实中的人和事不一样的时候，往往就是"内在小孩"和我们自身发生重大冲突的时候。

那么，"内在小孩"是怎么形成的呢？

每个人出生时所面临的情景都差不多，我们能感受到最原始的愤怒、悲伤、恐惧、快乐和深情。随着一个人的慢慢成长，生活环境的不同，特别是父母对孩子的影响不同，这些最原始的情绪逐渐演变成一些更微妙、更复杂的行为模式，最终让我们的情绪及反应变得越来越个人化。

比如愤怒，原始的愤怒情绪带有很强的攻击性和暴力倾向，但是随着不同成长环境的影响，每个人释放愤怒的方式也有所不同，有人选择叛逆，有人选择撒泼，有人选择拖延，甚至有人调转方向变成了退缩。这些都跟成长过程中的心理创伤有关。每个人都有两对父母：一对是生身父母，也就是生养我们的父母；一对是精神父母，他们是我们想象中的完美父母。一个人的生身父母永远无法达到精神父母的状态，从而给本人带来了各种各样的心理挫伤，继而改变了这个人的应对策略。

这些应对策略最终成为情绪处理程序的一部分，变成了我们的基本行为模式，伴随我们一生，也定义了我们一生的行为。正是如此，生活中的一些情形和场景通常会激发这些基本模式，形成自动化反应，使得我们的举止、感受和小时候很相似。

心理学家荣格说："我们每个人心里都有一个'内在小孩'，这个小孩就是我们内心未成长、未安抚好的部分。"未成长的部分是指没有遇见、没有经验的部分；未安抚好的部分则指儿童自我状态，即那个未经安抚的心理受伤的孩子。

青春期的"内在小孩"

受伤的"内在小孩"第一次走进我们的生活是在青春期的时候。如果给予、权威、权变三个阶段父母没能完成相应的任务，护航阶段孩子受青春期影响就会更大，反抗也会更加剧烈。

这是因为青春期的孩子已经有了独立能力，他们不再像以前那样必须依靠父母。一些童年没有解决的冲突，青春期就容易爆发出来。比如，小时候经常挨打的孩子，很可能在青春期会奋起反抗，当爸爸巴掌即将落下的那一刻，他会抓住爸爸的手，似乎在说："你再打我，我就不客气了。"很多父母是在这样的瞬间突然意识到孩子长大了，是个独立的个体了。

　　暴露并不可怕，只有问题暴露出来被发现，才有可能被解决。养育中，父母始终要有一个基本理念：今天的麻烦不是为了减少明天的麻烦，而是让明天不会更加麻烦。把养育控制在一种适度的麻烦中，根据孩子的成长不断调整自己的策略，让麻烦均摊，而不是指数级上升，这一点非常重要。如果更大的麻烦已经来临，不要逃避，直面它。

　　当然，青春期依然是"内在小孩"成长的阶段。换句话说，孩子在成长的同时，他也在不断成长，不断学习。这部分对应的就是荣格说的未成长部分。我们之所以有机会疗愈"内在小孩"，也是受益于此。父母要允许孩子释放自己的创伤，跟孩子一起疗愈那些创伤。在"内在小孩"的裹挟下，青春期少年可能会情绪激动，出现一些反常现象。此时，父母要给予孩子一定的时间和空间，在不危及自身和他人的前提下，放手让孩子尝试。

　　此外，青春期的"内在小孩"也会遇到一些新的情况，比如在自卑中新增性器官发育带来的纷扰，这让他多了一分羞耻感。不仅如此，因为双系统不协调，还可能会产生认同偏差或者缺乏认同感。这些都是青春期的表现。

疗愈"内在小孩"，收获育儿蓝本

　　"内在小孩"对父母而言，最大的功用就是让我们获得了一份独属于自己的天然的育儿蓝本。

要想获得"内在小孩"手里的育儿蓝本，我们就必须疗愈自己的"内在小孩"。一个健康的"内在小孩"不仅能帮助我们更好地育儿，还能为我们的生活增添幸福。

那么，怎样疗愈"内在小孩"呢？

"内在小孩"躲在心里最深处的某个角落，要想疗愈他，首先要看见他。疗愈的第一步，也是关键一步，找到自己的"内在小孩"。

找一个安静的环境和一段无人打扰的时间，静下心来去寻找自己小时候的记忆，特别是有负面情绪、需求没有得到满足、被伤害的经历。启动大脑的分离式记忆功能，把自己变成旁观者，让事件串联起来在脑海里过一遍电影。我们看到的情景通常是自己很弱小，情绪难以得到处理，很受伤的样子。

我的脑海里一直有这样一个记忆片段：自己躲在家门口的角落瑟瑟发抖，母亲站在家门前四处张望，焦急地喊着我的名字。她在找我，而我就在跟前，不敢应声。

妻子说，她一直记着自己和妹妹偷偷拿了家里的钱去买东西，被邻居告发，然后父亲用皮带打她的场景。

每个人的脑海里都有类似这样受伤的记忆片段，把这些片段拼接起来就会形成一个"内在小孩"的样子。

接下来，接近我们的"内在小孩"，让他的情绪释放出来。

"内在小孩"待的地方通常阴暗、潮湿，他会蜷缩在那里，不让任何人靠近。你要不急不躁地接近他，并以倾听者的姿态，引导他诉说自己的经历、感受和需要。同理我们的"内在小孩"，但不要被卷进去，给他赋能，逐渐让他接纳需求不能满足的现实。如果有可能，帮他扭转那些被伤害的经历。

比如，小时候被老师冤枉了，回家抱怨，却遭到了父母的指责："老师怎么就冤枉你不冤枉别人呢？肯定是你平时表现不好。"你伸冤无门，感到很委屈。看到这样的"内在小孩"，你可以鼓励他表达自己的情绪，让他哭出来，并递给他一张纸，同时你也可以鼓励他跟当时的父母辩驳："即便我平时表现不好，那也不能成为老师冤枉我的理由。"你还可以带着想象中的父母去找老师为你申冤，最后得到道歉。这些都是我们在想象"内在小孩"的时候能做的事情。只要保持独立，不被"内在小孩"的情绪带进去，就会有无数种解决方案。

其实，有些时候记忆是有偏差的，而且视角也单一。很多时候，父母在背后会默默为孩子做很多事情。比如，他们可能嘴上指责孩子，背地里又会去找老师沟通，为孩子辩护。孩子的视角有限，我们还是个孩子的时候，同样也没有能力了解事情的全貌。

过去是客观存在的，无法改变，但是我们可以通过重新解释、重构视角获得新的结果，这个结果可能跟记忆里的不一样。充分发挥你的人生经验，为你的"内在小孩"赋能，让他们自信起来。总之，不要让"内在小孩"再委屈下去了，让他的情绪流淌出来，最好能够让他当时的需要得到满足。

不过，这里切记一点，不能强迫"内在小孩"接受你的观点。你是一个倾听者，一个疗愈师，一个辅助者，只能起到协助作用。

第三，原谅当时的父母。在想象中，我们接纳当时父母的言行。注意，我用的是接纳，接纳不一定要同意。接纳意味着我们仍然能质疑事件发生时父母的言行是否妥帖。人无完人，不仅孩子不是完人，父母也不是。父母可能不知道相关知识，也没有看过相关书籍，不知道如何处理。他们也会做错事。比如，上面孩子被冤枉的例子中，父母当时可能受其他情绪影响，所以才会生气，孩子的行为只是一个触发器而已。

如果我们协助"内在小孩"把他的受伤归因为父母的无知，或者其他原因，而不是他们故意为之，"内在小孩"就能更好地理解父母，从而原谅父母。原谅了当时的父母，"内在小孩"也就不再那么纠结了。

第四，让当时的父母给"内在小孩"道歉。内心想象一下，当时的父母对"内在小孩"说"对不起"，这声迟到的道歉会让"内在小孩"积压心底的委屈一下子释放出来，泪流满面，不要安慰他，守护着他，为他递纸巾，让他的情绪自然流淌。最后，带领"内在小孩"来到阳光、温暖的地方，与他达成和解。

"内在小孩"可能不会因为一次两次道歉就和你达成和解，我们需要反复进行以上练习，经过若干次练习，最后改变自己的心智模式。值得一提的是，在我们反复练习时，"内在小孩"也在不断告诉我们应该如何更好地养育孩子。

第五章

爱，孩子成长的支持系统

第一节　别掉进爱的陷阱

不用爱绑架孩子，也不被爱捆绑。

爱是一个充满想象的东西，它既能做动词，又能做名词，还可以做形容词。

在养育中，父母谈到爱总有一种难以言说的感觉。爱孩子，但又恨铁不成钢，五味杂陈。

在孩子未出生前，我们充满了关于爱的想象，憧憬着一个又一个美好的画面，父慈子孝，母贤女淑，其乐融融。当看到刚刚初生的婴儿，脆弱的孩子唤醒了我们内心久违的柔软，孩子的需要让我们感到自己特别重要，无数次我们在孩子身上找到了自己的样貌。然而，漫长的养育过程充满了不确定性，让父母感到劳累，感到焦虑，来自孩子的拒绝又让父母感到沮丧和挫败。

陷阱一：有条件的爱

心理学家曾奇峰写过一个他和女儿的故事。

曾奇峰带两岁左右的女儿去儿童乐园，可能是不常去，故而女儿表现远不及其他一般大的孩子。一个比女儿还小两个多月的孩子在蹦床上跳得兴高采烈，自己的女儿却战战兢兢地坐在一旁。他看见后把女儿扶到中间，女儿也跟着别人的节奏跳了起来，但刚跳了两下就摔倒了，坐在地上大哭。站在一边的曾奇峰怎么鼓励都没用。于是，他感到失望，甚至隐隐都有点愤怒了，但仍然强忍着怒火把女儿抱到了滑梯上让她滑滑梯。可是，女儿死死抓住扶手不放，还哭着说害怕。这时，曾奇峰感到心里的失望和愤怒有点抑制不住了，但他仍然强忍着把女儿抱到地上，让她玩皮球、木马等在女儿看来安全的游戏，自己则找了一个地方坐下来，远远望着女儿。

曾奇峰在那篇文章后边感慨道，父亲自以为爱女儿，原来爱她是因为她的聪明、漂亮、勇敢，可以让父亲骄傲，一旦她不聪明，不漂亮，不勇敢，不能满足自己做父亲的虚荣时，父爱可能就没有了。

一言以蔽之，很多时候，父母爱孩子是有条件的，期待他们的回报。

　　父母对回报最大的期待就是孩子能和想象中的完美子女一样优秀。这显然不可能。于是，退而求其次，希望孩子能够听自己的话。然而，再听话的孩子也有无数个不听话的瞬间。是啊，在漫长的养育里，如果没有爱作为动力，养育任务很难持续下去。最终父母妥协了，但他们中的很多在向孩子施予爱的同时会有意无意地从孩子身上"索取"点什么，或者把爱当成筹码和孩子进行"交易"。

　　这种情况下孩子会认为父母的爱是有条件的，只有自己符合某种条件，父母才会爱自己，这样，获取父母之爱就成了孩子行为的外部动机。但是，爱对孩子来说，是安全感的保障，是归属感的港湾，是价值感的依据。一旦孩子内心无法获取恒定持续的爱，他就可能处于恐慌中，不利于孩子健康成长。

　　此外，孩子长期把爱当成自己行为的外部动机，最终爱会被物化，成为明码标价的东西，从而失去它本来的联结意义。

陷阱二：源自控制的溺爱

　　当然，不是所有父母都会跟孩子提条件。有些父母对孩子十分宠溺，孩子在家里仅凭一张嘴就可以要风得风，要雨得雨，一不顺心，全家人都得一起哄他开心。害怕孩子吃不饱追着喂饭，上学给整理好书包，从不对孩子提任何要求……我们将这些现象称为溺爱。溺爱包括了两个方面，一方面是给予阶段的不良"遗产"，一方面是对孩子的强力控制。

所谓给予阶段的不良"遗产"是指，过了给予阶段，父母仍然以给予阶段的方式爱孩子。把自己的全部精力投入到孩子身上，孩子要什么给什么，孩子想干什么就干什么。

给予阶段怎么爱孩子都不过分。但两三岁之后，孩子能区分内在和外在，能够区分你我，进而有了矛盾，有了冲突。这时如果仍然一味地满足孩子，让孩子活在"自我中心主义"的理想世界里，那么孩子便可能发展为巨婴。

跟给予阶段的不良"遗产"相比，溺爱就是披着羊皮的狼，看着是爱，实际上却是控制。溺爱严重阻碍亲子分离，影响孩子独立能力的健康发展。

真正的爱不需要条件，也不存在控制。它是一种黏合剂，能够有效联结亲子，填补分离产生的心理空白。父母必须承认一个事实：所谓的完美子女并不存在，我们无法精准设计孩子的未来。每个孩子都有自己的个性，控制孩子的行为是一种极其荒唐的做法。关于这一点，心理学家艾莉森·高普尼克做了一个形象的比喻，她说："照顾孩子就像照顾花园，做父母就像做一个园丁。"花园里的花草生长不受园丁控制，园丁无法预测哪一株最高最美最长盛不衰。孩子的成长同样也不受父母控制，父母无法预测孩子将来的立身之本究竟是什么。

父母要接纳孩子的现状，不以完美子女要求孩子，不以错误视角看待孩子，保障孩子自由的成长空间，化解孩子内心的伤痛，协助孩子做出最优的选择，这才是真正的爱。

第二节　依恋模式，重新理解爱的内涵

童年是我们人生的开始，是一切经验的源头。但是，童年是柔弱的，是相对漫长的。在漫漫成长路上，孩子需要得到爱的滋养，这样他才能健康成长。学习并明白"爱"是什么，对家长来说很重要。

四种依恋模式

爱是一个感情色彩极为强烈的词，在表述时容易引发误解，心理学家一般会使用"依恋"这个更为中性的词。

最早提出依恋概念的是心理学家约翰·鲍尔比。他将依恋定义为个体与具有特殊意义的他人形成牢固的情感纽带的倾向。依恋能为个体提供安全和安慰。依恋具体表现为个体会产生接近依恋对象的愿望，与其分离时会感到焦虑，同时，在受到

威胁时更倾向于向依恋对象求助，并且会在依恋对象的支持下探索新事物。

这么说有点抽象，我们放到孩子身上来看。新生儿能够很快识别出妈妈。一岁的孩子已经发现特定的几个人对待自己跟别人不一样，只会向这几个人求助。一岁半左右的孩子就能识别陌生人了。当陌生人靠近时他会感到害怕，钻进父母怀里躲开他们。到了两岁，孩子只信任跟自己亲近的几个特定成年人，他们可能是爸爸妈妈、爷爷奶奶、兄弟姐妹、邻居、保姆等。暖暖不但跟我们家人亲近，还跟小区里经常陪她玩的几个奶奶亲近。

依恋让人不再孤单，他让我们走进集体成为社会人。我们最初的依恋是在妈妈一次又一次的喂养、抚摸、抱持中形成的。母乳喂养在心理学上的意义就是体会母亲的爱，形成健康的依恋模式。在心理学意义上，母乳喂养强调的不是乳，而是母亲对孩子的爱，以及就此产生的依恋关系。不同的母亲照顾孩子的方式不同，产生的依恋模式也不相同。

心理学家通过观察孩子在父母离开和回来时的反应，把孩子的依恋模式分为四种：安全型、回避型、焦虑型和混乱型。

安全型孩子会选择一个特定的人作为爱的可靠来源，这个人通常是妈妈，但也有可能是爸爸、奶奶，或者爷爷等其他人。

这类孩子在特定依恋人离开时会感到焦虑, 返回时感到快乐。不过, 这种焦虑和快乐都是短暂的, 很快就会恢复平静。他们认为依恋对象不会丢下自己不管。

回避型孩子也会选定特定的人作为依恋对象, 但是他们不会在这个人离开或者回来时与其发生互动。换句话说, 他们不会因为特定人的离开而伤心地哭, 也不会因为他的归来而开心地笑, 不管依恋对象离开还是返回, 都闷头干自己正在干的事情。

需要注意的是, 这并不是说回避型儿童没有情绪波动。科学家研究发现, 回避型孩子在依恋对象离开时同样会感到伤心难过, 只不过他们没有表现出来罢了。他们似乎知道负面情绪和行为除了让情况更加糟糕外, 没有什么用。于是, 回避型孩子很多时候会压抑自己的情绪, 把悲伤闷在心里。

焦虑型孩子跟回避型孩子正好相反, 他们在依恋对象离开时会特别焦虑, 即便依恋对象回来了也很难立刻平静下来。他们会像抓住救命稻草一样, 抓住依恋对象, 同时变得很暴躁, 胡乱发脾气。焦虑型孩子通常让养育者感到手足无措, 时常会触发负面情绪, 从而进一步加剧焦虑型孩子的焦虑。

大部分父母都认为安全型孩子要比焦虑型或者回避型孩子更好。实际上, 每一种孩子都能健康茁壮地成长。不同风格的孩子, 来自于他们跟依恋对象的交互, 以及对所处环境的认识。父母不必太过焦虑孩子的依恋类型，甚至可以重新解读依恋类型背后的含义。比如：回避型孩子更坚强，更自制；焦虑型孩子只是缺爱，平时要多关注。

但是，不是说所有的依恋关系都可以通过重新解读获得正向反馈。混乱型孩子就需要父母格外注意，他们和依恋对象的依恋关系十分不稳定。面对依恋对象的离开和回来，前三种模式会随机发生，令人难以预测。所以，混乱型孩子在成长中更容易出现问题，将来也很难和他人形成稳定的关系。

对爱的理解

如果依恋对象能够对孩子的需要做出及时反应，离开后迅速回来，及时安抚孩子，孩子就可能形成安全型依恋。

如果依恋对象反应不及时，而且置孩子的焦虑不顾，孩子就可能形成回避型依恋。

如果母亲自身就很焦虑，那这种焦虑也会传染给孩子，孩子就可能形成焦虑型依恋。

如果孩子得不到统一的回应，依恋对象安抚孩子十分情绪化，那么，孩子就可能形成紊乱型依恋。

值得注意的是，孩子能和任何一个照顾自己的人建立依恋关系，而且他们和每个人的依恋模式可以完全不同。也就是说，孩子和妈妈建立安全型依恋模式，并不妨碍他们和爸爸建立回避型依恋模式，同时可以和保姆建立焦虑型依恋模式。这也说明，孩子对物理世界或者生物世界的认知和对人际关系的认知不同，前者前后认知趋于统一，而后者更为多样复杂。

依恋关系是孩子将来一切关系的基础。就像历史情绪一样，我们或许记不住具体的事情，但是对爱的感受同样有着深刻的记忆。这种记忆可能是正向的，也可能是负向的，但这并不意味着依恋模式一旦确立就不可更改，一些新的经历可以改变旧的依恋模式。比如，一个理解孩子、信任孩子的老师，能够让焦虑型孩子变成安全型孩子。我主理的洋姜共读会就有书友分享在小学老师的鼓励下，她从一个极度自卑的人变成了一个勇敢自信的人。这背后其实就是依恋关系的转变。

此外，孩子还会从父母的互动中学习和理解爱。夫妻关系是孩子作为第三方近距离客观地观察爱的主要来源，甚至是唯一来源。作家杨绛在《回忆我的父亲》中这样描述她的父母："他们谈的话真多，过去的，当前的，有关自己的，有关亲戚朋友的，可笑的，可恨的，可气的……他们有时嘲笑，有时感慨，有时自我检讨，有时总结经验。两人一生中长河一般的对话，听起来好像阅读拉布吕耶尔的《人性与世态》。"

孩子对爱的理解是立体的，有自我感受，也有外部观察，两者相互补充，缺一不可。父母一方面要疗愈自我"内在小孩"，尽量躲开自己父母当年埋下的雷；另一方面要跟爱人保持良性亲密互动，给孩子提供观察爱的机会和环境。

缺爱的伤痛

婴儿时期建立的依恋模式非常重要，它会影响孩子今后的成长。如果孩子一直处于缺爱状态，内心就像一片贫瘠的荒漠，没有生机，那么，一个处于伤痛中的"内在小孩"就会一直潜藏在他们内心深处，影响孩子一生。

让孩子拥有一个印象深刻的幸福童年，和让孩子拥有健康的体魄、聪明的脑袋一样重要。父母给予孩子足够的爱，能够让他们拥有丰盈的内心，从而在未来的生活里更加温和、友善、平和。

庆幸的是，依恋模式不是一成不变的，父母可以通过自我改变改善依恋模式。孩子自己会在成长中形成多种依恋模式，并为自己寻找更为安全的依恋模式。幸运的孩子会遇上贵人，而不幸的孩子可能一生都会被早期建立的不安全依恋模式所禁锢。

我们与其祈祷孩子遇上贵人，不如趁早疗愈自己的"内在小孩"，提升自我认知，并学习更多爱的方法，努力让自己成为孩子的贵人。

第三节　看见孩子，爱的正确打开方式

养育中有一个明显的悖论：再平凡的父母在孩子眼里都是天，是无所不能的超人，现实中父母却是普通得不能再普通的人。他们一边应对着繁复的生活，一边努力抚养着孩子。父母时常因不得法而精疲力竭，父母的爱无力，让孩子处于缺爱状态。

那么，怎样才能让爱富有力量呢？

真正看见孩子

爱的本质是看见。看见并不是简单地看见孩子的外在行为，还要看见孩子的内在需要。

如果一味地盯着孩子的外在行为，就可能陷入习惯性纠错的陷阱：吃饭有没有挑食？作业有没有完成？手有没有洗？习惯性纠错会让父母盯住孩子的"问题"，从而让孩子被各种负面信息和负面情绪包裹。

父母要透过外在行为探索孩子的内在需要。孩子行为背后通常都隐藏着需要。只有了解了孩子的需要，才可能真正满足孩子，让孩子感受到爱。

有一段时间，暖暖睡觉前都要玩认知串珠。她一上床就要

155

把串珠倒到床上，拉着我和妻子跟她一起玩。如果没人理她，她就独自一个人玩。让她收起玩具睡觉，她会假装没听见，说她两句她还会哭。我尝试了解她行为背后的需要，发现了她的真实想法，于是，改变策略，问她："是不是想让爸爸陪你玩？"她说："是的。"我陪她玩了一小会儿说："我们让动物们去睡觉吧。"她很爽快地答应了，欢快地把串珠全部收进箱子，并让我帮她放回原位。

当孩子出现问题时，很多父母总是火急火燎地以救火队员的方式出现，想要通过雷霆手段快速扑灭大火，但往往事与愿违。实际上，问题并不在孩子身上，而在自己身上。我们需要用发现的眼睛去解读孩子的行为，探寻背后的需要，这才是解决问题的关键所在。

被误解的无条件的爱

看见孩子有个前提，即无条件的爱。那么，什么是无条件的爱呢？临床心理学家约翰·威尔伍德认为，无条件的爱是一种发自内心的感受，当它来临的时候，我们能感受到内心曾经坚硬冰封的地方都变得柔软了。

还记得孩子刚刚出生那一刻你的感受吗？还记得孩子出生后头一年你看孩子的眼神吗？还记得孩子开始学习走路、说话时你的惊喜吗？这种发自内心，不需要任何外部条件支撑的欢喜的感觉，就是无条件的爱。它不会因为孩子某种特质、某个行为而发生改变。

很多父母望文生义认为，无条件的爱就是一味地付出，孩子想干什么就干什么，要什么给什么，处处为其开绿灯，任由其自由发展。这显然是误解了无条件的爱。无条件的爱有两部分，一部分是无条件接纳，一部分是无条件协助。

无条件接纳就是接纳孩子的一切，哪怕孩子可能令自己失望，接纳孩子身上的一切。无论他此刻是怎样的，我们都愿意和他在一起。孩子的今天是由一个又一个昨天累积形成的，而且是一个既定的客观现实。从这个角度来讲，接纳是父母的唯一可选项，必须这么做。

无条件接纳并不意味着放任孩子的现状不管不顾，而是跟孩子一起面对现状，无条件协助孩子选择更优的成长路径。这条路径并不是父母说了算，而是父母和孩子共同探索出来的。如果只是父母说了算，那就是掌控。从这个意义上讲，所有的抚养都是摸着石头过河。过度保护不但不属于为孩子的幸福付出，还会让孩子错失成长的机会。

无条件的爱是养育的基础，只有在这个前提下，父母和孩子才能实现心与心的联结。

爱的边界

孩子来到了一个陌生的世界。他们内心除了恐惧一无所有，唯有父母的爱能让孩子获得安全感。孩子要想了解世界，获得经验，就必须亲自探索这个未知世界。面对陌生的世界，孩子未免显得笨拙鲁莽。父母能做的是向孩子解释怎么做更好，原因是什么，做事的边界在哪里。

精神分析学家温尼科特提出了一个"足够好的母亲"的概念。他认为，如果没有足够好的母亲，婴儿是不可能从快乐原则迈向现实原则的，也不可能超越原发性认同。这样的父母给孩子提供足够但不会太多的帮助，既不忽略，也不过度干涉。心理学家曾奇峰将其翻译为"60分的妈妈"。换句话说，父母没有必要做到完美，让孩子的生活有序运转就行了。

那么，如何把握这个边界呢？

简·尼尔森在《正面管教》中给出了四个标准。

第一，和善而坚定。既不严格也不放纵，用平和的态度、建设性的方法与孩子一同解决问题。在制定规矩时可以让孩子加入其中。暖暖每天都要看动画片《巴巴爸爸》，由于视频应用都是连播，一集接一集很难停下来，加之她才两岁，长时间看动画片对眼睛不好，于是，一开始我就跟她商量规则，每次只能看一集，看完就说再见，看的时候要距离屏幕一定距离。待她确认之后，我们开始执行。每次观看动画片的时候，她都会远离屏幕，看完一集后就主动挥手拜拜。如果忘记关了自动连播到下一集，只需要告诉她明天再看，她也不会闹。

第二，有助于孩子感受到归属感和价值感。我们应该找到问题的正面解释，保护孩子的自尊心，让孩子觉得自己有价值。如果是值得鼓励的行为，就帮助孩子定义好的行为，并引导孩子理解为什么好，让他从自己的行为中收获价值。父母可以对孩子说："你的行为让我很感动，它有个美丽的名字叫体贴，爸爸（妈妈）能感受到你的爱。"如果孩子犯错了，就把犯错变成学习机会，让孩子知道错误的根源在什么地方，并一起想办法矫正。指责只会让孩子受挫，越来越自卑，甚至不断怀疑自我。

第三，方法最好长期有效。你的方法能管用多久？只是当下有效，还是长期有效？当然是有效期越长越好，如果孩子成年后还能用上，那最好不过。如果只是当下有效，那便不是最好的办法。

第四，能够培养孩子的良好品格，教会孩子有价值的社会生存技能。这也是我们这本书反复强调的内容。孩子成长的目的是习得独立能力，而不仅仅是获得来自父母提供的物质保障。

以这四条标准为边界陪伴孩子，既能防止家长对孩子的溺爱，也不用担心孩子踏入歧途，更重要的是避免了和孩子的权利之争，为爱平铺了一层良好的底色。

父母之爱

一个健康的家庭，夫妻关系是第一顺位，亲子关系是第二顺位，当然给予阶段例外。夫妻关系是一个家庭的基础关系，决定了家庭的稳固性。同时，夫妻关系本身也是孩子感受爱的重要土壤。有了孩子之后，我们通常会把更多注意力投向孩子，从而忽略了伴侣。

在孩子心中，父母就是自己的天。如果爸爸妈妈没有被爱融为一体，那么孩子的天可能就是灰暗的或撕裂的。本质上，夫妻关系是孩子生长环境的关键组成部分。如果孩子生长在一个充满否定的环境里，那么他也会倾向于自我否定。如果夫妻经常吵闹，即便他们对孩子再好，再细致入微，孩子也容易形成回避型或者焦虑型依恋。

从这个意义上讲，再好的学区房也比不过一对恩爱夫妻对孩子的影响。网上有句流行语："一个爸爸对孩子最好的爱，就是好好疼爱孩子的妈妈！一个妈妈对孩子最好的爱，就是欣赏并推崇孩子的爸爸！"这是有孩家庭的夫妻相处之道。

朝夕相处的夫妻不发生矛盾不可能，吵架也难以避免。因此，尽量避免当着孩子面吵架，毕竟吵架时整个人散发出的攻击性很强。如果一时没忍住当着孩子面吵架了，怎么办呢？

首先，及时暂停。意识到自己处于攻击状态时，立刻停下来。如果孩子此时处于恐惧状态，安抚孩子情绪，并向孩子道歉。

其次，向爱人道歉。给自己爱人道歉不是什么丢人的事情，况且过激的语言本身就不对。这本身也是一个很好的示范机会。勇于认错，知错能改，知错就改，这样的父母才是好父母。

最后，复盘吵架。让孩子明白，父母吵架只是暂时没有达成共识，但不会影响彼此感情，这样能够一定程度上消除孩子的隐忧和恐慌。

爱来得再晚都不迟

也许有父母会问："自己以前做得很差劲，孩子现在见了我就躲，怎么办？"

爱来得再晚都不迟。什么意思呢？迟到的爱总比缺失的爱对孩子更好。更何况漫长的养育过程本来就是亲子相互磨合的过程，它是一个相互调节的动态系统。亲子双方通过互动让其趋于协调，并通过双方积极尝试不断影响对方。心理学家斯科尔认为，照顾者和婴儿互相学习对方的节奏和结构，并调整自己的行为以适应他们的互动结构。依恋模式诞生于这个互动系统，并在这个系统中调整、加强，达到一个协调状态。这就是前文提到的依恋模式能改变的基础依据。

无论过去的做法让现在得到了什么样的果实，这个果实都已成为既定事实，我们必须无条件接纳。无条件接纳不是任由其发展，而是跟孩子一起探索出更优的选择。这样的探索不仅能够帮助孩子更加健康地成长，还能让孩子重新感受到父母的爱，进而逐步演化跟父母的依恋关系。

心理学博士卡洛斯·皮提亚斯·萨尔瓦指出，母子关系中产生安全感的实际情况与统一、和谐、完整相反，其核心由一系列"断裂"和"修复"构成。他认为，有助于孩子建立安全型依恋的也不全是即时反馈和给出完美回应这么简单。父母如果能够通过试错和修复的能力，为孩子创造出一个灵活反馈的外部环境，才能真正建立安全型依恋。换句话说，父母适当的"无情"和及时修复感情有益于孩子成长。

父母跟孩子的情感断裂为他们提供了探索的机会，以便在压力环境下与外部世界保持联系，并训练孩子独立应对事情的能力。不过，这种断裂需要适度，不同阶段父母要完成不同任务。如果父母不允许这种情感断裂出现，容易让孩子选择防御性退出或者彻底与外界切断联系，进而形成焦虑型依恋。如果父母跟孩子长期处于情感断裂中，孩子就容易失去安全感，在惶恐或者压抑中成长，进而形成回避型依恋，甚至紊乱型依恋。

种一棵树最好的时间是十年前，其次是现在。过去是客观的，无法改变的，一味追问过去，只会让自己觉得对不起孩子，越来越愧疚，甚至进入一个封闭状态。相反地，以现在为起点，给予孩子无条件的爱，就会进入开放状态，从而变得更好。未来之所以可期，是因为未来是由一个又一个当下组成的。如果你对孩子有所愧疚，就从现在开始好好爱他吧！

第六章

陪伴，父母的唯一要务

第一节 "模糊"，别花了时间还不讨好

即使再好的环境，再多的玩具，没有陪伴，孩子的内心也是一座孤岛。

陪伴是育儿中最不该被反复提及的事情，它本应自然而然发生。实际上，在很长一段时间里，陪伴就是自然而然发生的。那为什么这些年人们开始关注陪伴孩子了呢？这与现代快节奏的生活有关。快节奏的生活让大家忙碌起来，父母拖着疲惫的身体回家横在沙发的那一刻，心里在想：一定要给孩子一个好的未来。然而未来还没来，孩子来了，他们想要陪伴，父母脱口而出："你就不能让我歇一会儿吗？"空气冻结的那一刻，爱也被冻结了。

赚钱养家还是陪伴孩子成了很多父母面前的两难选择。

没空是个伪命题

每一个孩子的内心都渴望父母的陪伴，在他们看来，那是爱的表达，是安全感的源泉。忙于赚钱养家的父母，把大量时间贡献给了工作，试图用丰富的物质来弥补陪伴的缺失。物质没有尽头，更无法代替陪伴。当孩子向父母发出陪伴邀请时，父母冷冰冰地回应了一句："没空！"

父母真的没空吗？有的父母是真的在忙工作，或者在忙其他看似重要的事情，有的父母的忙却是聊微信、追剧、看新闻。其实很多时候父母正在做的"这件事"并没有想象中的那么重要。时间管理专家曾告诉我们，真正紧急又重要的事情少之又少。可是，父母对孩子的回应千年不变："没看我正忙吗？"

我有一段时间特别忙，忙到没日没夜，严重挤压了陪暖暖的时间。有一天，妻子对我说："暖暖每天下楼都会说爸爸太忙了，都没时间陪我玩。"我意识到这是暖暖发出的希望我陪她的信号，第二天晚上我就带她下楼玩。那天暖暖的表现跟平常不太一样，之前经常玩的地方一刻也不停，就挑人少的地方去，而且迟迟不肯回家。我问她："为什么不去广场找小朋友呀？"她看着我不说话。我又问："为什么不回家呀？"她还是不吭声。我接着问："你是不是想让爸爸陪你玩呀？"她说："是呀。"

回家后，我花了一个小时重新梳理了工作内容，并且专门在待办清单里写了一项重要任务"陪暖暖"。

心理学教授吉尔伯特说："十年以后，你不会因为少做一个项目而遗憾，但你会因为没有多陪孩子一个小时而遗憾。"本质上，赚钱养家和陪伴孩子并不冲突，它们是在不同时间段发生的不同事件。没有一个父母24小时都在工作，除了婴幼儿也没有孩子需要24小时陪伴。

父母只需要在自己忙碌的时间表上腾出一点时间专门用来陪孩子即可。这个时间短则一刻钟，长则一两个小时，唯一要求是，全身心地投入到陪伴当中。

赶紧陪陪孩子吧，哪怕就简单地聊几句，不要让自己将来后悔遗憾。

模糊带来的陪伴误区

既然没空是个伪命题，为什么还有很多父母不愿意陪孩子呢？这个问题要从陪伴的性质来看，陪伴跟别的任务最大的区别是，既没有明确的目标，又没有流程。换句话说，陪伴是一件非常模糊的事情。很少有父母能够明确回答"陪伴是什么"这个问题，模糊，让陪伴的边界无限扩大。

一般来说，在父母意识里，陪伴可分为三类：陪同、陪玩、监督。

陪同就是父母跟孩子待在一起，孩子做他们喜欢的事情，自己在一旁看着。这样的陪伴并不难，很多父母都能做到。这种陪伴经常会出现孩子玩孩子的，父母玩父母的，亲子只是处于同一时空，但没有或者很少有交集。

陪玩这一模式下，父母加入到了孩子的游戏中，双方有一定的互动。这样的陪伴也不是很难，但可能存在的问题是持续性不够。父母和孩子毕竟来自两个思维世界。大多数情况下，父母会觉得孩子的游戏太幼稚，进而出现两种情况，要么觉得孩子游戏太无聊退出，要么总想插手孩子的任务，对孩子指指点点。

监督模式下，家长像摄像头一样监督孩子完成任务，比如写作业、做家务等，不给孩子任何尝试和探索的空间。把监督当成陪伴的父母对孩子天然地不相信："我不看着他，他就不好好学习""我不盯着他，他就会闯祸""我一旦离开，他就反了天了"。

这些的确都是陪伴，但只是陪伴的策略。父母流于表面的陪伴策略，只是时空的同在，这样的陪伴不但无法真正走进孩子内心，中途还可能会因为模糊而退场。那么，陪伴究竟是什么呢？

陪伴是一个抽象概念，它要求父母走进孩子内心，跟孩子达成一种心与心相伴的感觉。换句话说，如果无法达到心与心相伴的状态，陪伴就意义不大。然而很多父母因为不了解陪伴的最终目的而把注意力过多地放在了陪伴的形式上，所以，在陪伴孩子时，父母就容易走神，容易被别的事情打扰。

还有一点值得注意：一旦父母把注意力停留在陪伴的策略上，就会由策略产生目的。比如，陪同的目的是让孩子在自己视线范围内；陪玩的目的是跟孩子一起完成某一具体事件；监督的目的是看着孩子做好某一具体事件或防止孩子闯祸。这些由策略产生的目的违背了陪伴的初心，这样的陪伴联结度很低，甚至会挫伤孩子的期待。

那么，父母该怎么办呢？在陪伴孩子的时候，首先明确自己的目的是跟孩子达成心与心相伴的状态。其次，用无条件的爱接受孩子的邀请。然后，站在孩子的角度，跟着孩子的节奏，一起探索孩子为自己设定的课题。在孩子需要协助的时候，提供一定的支持，让孩子整个探索过程不孤单。

本质上，陪伴是一种心理需要，孩子内心渴望一种有人在的感觉，陪同、陪玩、监督等都是具体的行为策略。陪伴作为需要可以通过无数种行为策略来满足。如果父母执着于其中某一种策略禁锢了自己，从而进入了跟孩子对立的状态，那么无论做什么都无法满足孩子对陪伴的需要。

陪伴是爱的催化剂

父母和孩子有两条联结纽带：血缘和情感。血缘是客观的，无法阻隔的纽带，但如果没有传统孝悌文化的加持，也许仅限于此。情感是主观的、需要后天培养的纽带，是父母和孩子之间最重要的纽带。如果没有了情感纽带，即便有血缘纽带，也可能形同陌路。

情感纽带的核心是爱。爱能够将不同个体联结在一起。爱不能埋在心里，需要表达，不仅要语言表达，还需要行动表达。对孩子而言，陪伴就是爱最好的表达。孩子会在陪伴中理解爱，学会爱。孩子之所以天然地更爱妈妈，就是因为妈妈陪伴得更多。随着孩子逐渐长大，有些孩子逐渐更爱爸爸一些，这种转变的主要原因可能是孩子的爸爸给出了更高质量的陪伴。

温尼科特提出了过渡现象。他认为，孩子内心在形成某种思维或者产生某种感情的过程中需要陪伴物，这个陪伴物能帮助孩子将这种思维和情感进行转化。在过渡现象中，玩玩具虽然可以成为一种陪伴方式，但是它的互动性大不如人。这也是物质无法替代陪伴的根本原因。

缺乏陪伴的孩子可能出现两个极端表现：黏人和做作。有些孩子会特别黏人，他们害怕分离，渴求父母能够一直跟自己待在一起。另外一些截然不同，这些孩子表现得十分做作，虽然他们

169

内心也很渴望陪伴，但是行为上却不断破坏陪伴的氛围。这两点在留守儿童身上特别明显。父母从外地打工回来，有些孩子会第一时间扑上去，投进爸爸妈妈的怀抱，跟小袋鼠一样挂在父母身上，寸步不离。有些孩子表现得就很冷漠，会躲起来，甚至说一些让父母伤心的话。

这种表现不仅会出现在童年，成人之后依然会保留。举一个亲密关系的例子。黏人的孩子长大后会要求对象寸步不离，但凡分开就会不停地查岗。做作的孩子长大后同样渴望亲密关系，但总害怕亲密关系突然消失，从而不断考验对方，并不断寻找对方不爱自己的证据，于是经常吵架，感情难以持久。

陪伴并不在于你是否花了更多的时间在孩子身上，而在于你和孩子在一起的时候，是否走进了他们的内心世界，让孩子在潜意识里形成了一个信念："别怕，我在！"这种感觉就是我说的心与心相伴的感觉。

第二节 自定义，让陪伴不再枯燥乏味

你是否知道，你本人比任何玩具都更让孩子喜欢和着迷呢？这是儿童教育专家金伯莉·布雷恩在《你就是孩子最好的玩具》一书里提出的一个问题。孩子天然地喜欢和父母待在一起，观察

父母的一举一动，听父母给自己唱歌、讲故事，跟父母一起捉迷藏。再多再贵的玩具都抵不过父母和孩子的一次互动。

那么，如何才能让孩子感受到你的陪伴呢？

积极回应，高效互动

陪伴孩子最基本的要求是积极回应。

父母积极回应就是告诉孩子："我看见你了，我听见你了。"长期的积极回应会让孩子感受到他们是重要的，他们的需求能够也值得被看见，被听见。相反，如果孩子不停地喊爸爸妈妈，父母一点反应都没有的话，孩子可能会感到自己无足轻重，从而丧失自我价值感。

比如，孩子走在路上看见一只狗，对妈妈说："狗狗。"这时妈妈应该立刻回应："是啊，这里居然有一只狗。"同时，还可以继续延伸这个话题："还是一只棕色的狗狗，它是一只泰迪犬。"你看，陪伴其实并不难。在孩子有互动需求时，父母立刻给予回应，而不是在一边不管不顾。

积极回应是高效互动的开始。冷冰冰地回应跟不回应区别不大，孩子能听出来，知道父母在敷衍。高效互动就不同了，高效互动要求父母走进孩子的世界。能够和孩子实现高效互动的父母不但知道孩子的兴趣爱好，还能深入了解兴趣爱好背后的东西，甚至和孩子一起学习，跟孩子形成亦师亦友的关系。

比如，孩子喜欢魔方。父母可以在工作间隙看看魔方教程，了解魔方知识，或者看看魔方比赛。这样当孩子玩魔方时就不至于无事可干，无话可聊，而是跟孩子一起玩，顺便还聊聊魔方高手的逸闻趣事。这样的父母，孩子怎么能不喜欢呢？

当然，陪伴也不一定要跟着孩子的节奏走。父母可以跟孩子一起玩积木、画画、唱歌；也可以邀请孩子加入到家庭劳动中，一起做饭、扫地、整理房间。暖暖才两岁多，我们全家人都会邀请她擦地板、洗菜，她干起来甭提有多开心了。孩子干大人的工作更容易产生自我价值感，更容易在家庭这个共同体中找到自己的位置。

孩子的很多不当行为都跟没有及时回应有关。他们感受不到自己的重要性，于是决定用破坏性行为来引起父母的关注。孩子需要父母的关注，寻找关注的背后往往是孩子对陪伴的渴望。

陪伴确实需要时间，但它并不完全依赖于父母在孩子身边停留的时间长短，及时回应和高效互动更能让孩子产生心与心相伴的感觉。

黄金时间法则

没有父母能做到全天候陪伴，也没有孩子（需要照顾的婴幼儿除外）需要全天候陪伴。比时间更重要的是陪伴的质量。没有质量的陪伴不但不能让孩子产生相伴的感觉，还会给孩子带来压抑。陪伴最忌讳的就是人在心不在。

有一次，暖暖拉着我一起玩积木。那会儿我正在用手机看一个演讲，实在拗不过她的邀请，我就把手机放到积木桌上，一边陪她玩一边看。暖暖盯着手机看了一会儿，拿起旁边拼好的摩天轮对我说："爸爸，把你的手机拿走，这是放摩天轮的地方。"我顺从地拿走了，但眼睛并没有离开手机。暖暖接着说："爸爸，我们玩拼图吧。"她把拼图盒放在沙发上，拉着我过去。我仍旧把手机放在一边，边跟她玩边看。暖暖说："把手机拿开，这是我拼图的地方。"这时我突然意识到自己的做法不对，问她："你是不是不想让爸爸看手机呀？"她说："嗯。爸爸陪我玩。"我向暖暖道歉并关掉了手机，跟她一块儿玩了起来。

孩子能够敏锐地察觉到父母的心到底在没在自己身上。如果父母的确很忙，可以拒绝孩子的邀请。如果孩子一而再再而三地邀请，那就放下手头的事情全身心地陪着孩子玩一会儿，哪怕就五分钟。只要让孩子感觉到你在关注他，让孩子开心就行。这就是黄金时间法则。

孩子邀请父母跟自己玩，是因为内心感到孤独。如果父母一味地拒绝，那就将孩子推向了孤独的深渊，但是只要全身心地陪他们玩一会儿，他们就会拥有心与心相伴的感觉。五分钟陪伴给孩子带来的心灵生机不亚于五分钟深度睡眠给人带来的精神焕发。

社会学家研究发现：工作和生活一个好了，就可以赋能另外一个，进而产生相互增益的作用，让彼此越来越好。这种现象叫工作生活增益效应。一般而言，工作中的技能、知识、资源等可以外溢到生活各个领域，生活中，特别是家庭中的良好情感，可以外溢到工作中。简单来说，能力强、心态好，它们之间能打通且相互促进，成为一个正向循环。父母可以把工作中所学的技能迁移到陪伴孩子上，同时，可以用陪伴孩子带来的好心情来赋能工作，从而形成一个积极向上的螺旋。

实际上，一个人要想活得精彩，就要在生活的各个方面下足功夫。如果觉得发展事业就要牺牲家庭，或者选择家庭就要牺牲事业，最终会两败俱伤。细细想下，其实人生的很多方面都是相互联系，互相支持的。

那么，有哪些具体的黄金时间策略呢？

首先，提高自己的工作效率。工作效率提升了，干同样工作所需的工作时间就会减少，这样一方面会降低自己的疲惫感，一方面又能增加陪孩子的时间。如果经常出差，就多跟孩子视频通话，抓住每一次回家的机会，给孩子带上小礼物，制造惊喜时刻。当然，如果常年出差，也可以尝试调整工作。收入降低了还有机会增加，但孩子的童年错过了，就真的错过了。

其次，不缺席孩子的重要时刻。为孩子举办生日会，专门庆祝孩子取得的一些小成绩、小突破，努力为孩子创造各种各样的小惊喜。比如礼物、吃饭、看电影、游玩。总之，让孩子感觉到自己很重要。一个拥有高水平自我价值感的人，往往会有较高的自尊水平，从而不会轻易随波逐流，自暴自弃。

第三，珍惜每一段家庭时光。现代社会里，绝大部分家庭成员都有两个重要交集时间：早上和晚上。父母要充分利用这两个时间段。早起跟孩子一起晨读、晨练、吃早餐。晚上一起吃晚餐、聊天。周末带孩子去郊游，去爬山，亲子之间没有什么问题是一次郊游解决不了的。具体去什么地方可以交给孩子选择。如果经济条件允许，全家人每年度一两次假，可以是国内，也可以是国外。

以上三点都是一些策略层面的东西，并不一定要完全按照这些策略行事，更不要被这些策略束缚。父母陪伴孩子的唯一标准，就是走进孩子的内心，让孩子感到心与心相伴的感觉。

这里要顺带提一下，爸爸的陪伴对孩子尤为重要，很多爸爸认为带孩子是妈妈的事情，这种想法是不对的。很多孩子之所以会出问题，都跟爸爸的缺失有关。黄金时间法则更多是给爸爸看的。一般情况下，孩子不缺少妈妈的陪伴，母亲需要做的是提高陪伴质量。

玩耍：孩子的自定义游戏

在漫长的童年里，孩子会花很长时间用来玩耍。玩耍既是孩子当下的精神生活，也是对未来的预演。玩耍的形式多种多样，比如：过家家、捉迷藏、打闹游戏、踢足球等，每一种形式的玩耍都能给孩子带来无比的快乐。研究表明，越会玩，玩得越疯的孩子，思维、认知、社交、力量、推理等各项能力发展得越好。

陪孩子玩耍是养育孩子必要的环节，也是陪伴的一种常见形式。没有什么比父母陪孩子玩耍更让孩子感到快乐了。父母和孩子心与心相伴的感觉，很多都是在玩耍中建立起来的。

孩子经常会邀请父母和自己一起玩耍，父母却时常成为玩耍的"破坏者"。为什么呢？父母的加入不仅给正在玩的游戏增加了一个人，还带来了很多额外的游戏规则。这些规则一方面来自父母的担心，父母总是担心孩子受伤；另一方面来自父母的经验，成人早已习惯给游戏设置各种规则了。

父母陪孩子玩耍时经常出现这样的场景。孩子对父母说："我们一起玩游戏吧？"父母兴高采烈地回答："好啊。"然后从书架上取下一本《亲子游戏宝典》，又从里边找到一个游戏，一本正经地说："我们玩排球游戏吧，规则是……"父母读规则时，孩子玩的兴趣已经开始消退了。进入游戏之后，孩子的一举一动都像被监视了一样。父母嘴里不断地念叨着："这样不对，那样不行，要这样做。"孩子玩着玩着便没了心情……

玩耍不是工作，没有特定的目标和要完成的任务，但很有趣。收起你的《亲子游戏宝典》，不要给游戏设限，跟着孩子的节奏，感受单纯的快乐就足够了。玩耍本身就是一种任由你和孩子自定义的游戏，没有裁判，没有监督，只要有趣就行。

暖暖一岁左右那会儿经常找我玩捉迷藏的游戏。我只要答应她玩，她就立刻闭上眼睛说："爸爸快来找我呀。"在她看来，闭上眼睛我就看不见她了。

从玩耍的角度来讲，父母只要投入到孩子的游戏当中就好。实际上，玩耍是一种特殊的结构，有一套独特的重复且变化的模型。重复的目的是强化，变化的目的是探索新的可能。

有一天晚上，我跟暖暖用前一天的道具玩游戏，游戏内容差不多，但是规则变了。妻子没有察觉到变化，直接参与进来，结果违反了规则。暖暖大发脾气，她有点错愕。我对妻子说："规则变了。"她笑了，然后又对暖暖说："妈妈不会玩儿，你来告诉妈妈怎么玩，好吗？"暖暖讲完规则，妻子拿了一个玩具正准备以规则行事时，暖暖一把夺了过去，说："这是爸爸的。"妻子又愣住了。我说："就这一点没有变。"

这就是孩子的游戏，无定形、无常法、无规律，他们会用旧玩具玩新游戏，也会用新玩具玩旧游戏。你觉得无聊的他们可能玩得很开心，你觉得有趣的他们可能觉得无聊。跟孩子玩耍，只要孩子当下开心就好。

在玩耍中，父母唯一要做的就是为孩子提供玩耍的空间和资源，并且腾出时间陪孩子玩耍。管孩子吃喝拉撒很容易，跟孩子一起玩对父母来说却是一个不小的挑战。其实，父母只要做到不设任何规则，不带任何经验，然后跟着孩子一起去创造游戏，去自定义游戏，这样就可以了。

第三节　助推，陪伴的高级形式

在陪伴孩子成长的过程中，细心的父母可能会发现，孩子随时可能跟父母发生互动，有被动互动，也有主动互动。如果父母能将这些互动重视起来，好好陪伴孩子，就能走进孩子内心，反之，则可能产生裂痕。

模仿和探索皆是学习

孩子是天然的学习大师，越小的孩子越是如此。父母只会在自己有空的时候才去观察孩子的内心世界，了解他们的想法，而孩子无时无刻不在努力习得新技能。他们学习的基本方法是模仿和探索。

以最朴素的"尝试—错误"学习模式为例。孩子通过模仿习得某个本领后，要通过多次探索尝试获取反馈，来逐步内化这个本领。在这个过程中，孩子大部分模仿源是父母，而给予孩子反馈的也是父母。

不过，孩子和父母的认知天生不平衡。这个世界对父母来说太熟悉了，已经有了固定且熟悉的应对方法。但是，对孩子而言，这是一个全新的世界，所有的事物都是新的，一切都处于未知状态。父母虽然明白这个差势，但有时仍会对孩子的模仿和探索不屑一顾，从而忽视了陪伴。

比如，孩子第一次从镜子里看自己，如果没有别人的引导，他们可能并不认识镜子里的人，甚至会被突然闯入的"自己"吓到。如果父母在场，他们就不会那么害怕，也许还会在父母的指引下跟镜子里的自己玩起来。

一切教育的基本形式不过四个字"言传身教"。言传身教的基础就是父母对孩子的陪伴。所以，陪伴不仅是爱的表达，还是学习的发源地。

助推孩子做出最优选择

陪伴是无条件的爱的具体表达，而无条件的爱除了无条件接纳孩子外，还要无条件协助孩子做出更好的选择。

如何协助呢？我们可以在背后"助推"孩子。

"助推"是行为经济学家理查德·塞勒提出的一个理论。不用强制手段，不用硬性规定，助推便能保证人们同时收获"最大利益"和"自由选择权"，这股轻轻推动人们做出最优选择的力量就是助推。例如禁止孩子吃垃圾食品这不叫助推，把孩子喜欢的新鲜水果放在他的书桌上，这叫助推。

助推如此神奇，它是怎么做到的呢？

"助推小组"负责人戴维·哈尔彭教授和他的同事们，提出了助推框架——"EAST框架"。他们认为如果想推广一种行为，那么，这个行为必须具备四个特质：简化（easy）、吸引力（attractive）、社会性（social）、及时性（timely）。

什么意思呢？

简化，即把事情简单化，大脑更喜欢简单的事情。放在桌子上的零食总比冰箱或者储物柜里的零食最先被孩子吃完。简化是助推的本质，如果父母想促成孩子的某个行为，就问自己："还可以再简化吗？"相反，如果父母想要阻止孩子的某个行为，就为这个行为的出现设置障碍。

吸引力的重点在于孩子更喜欢对自己有吸引力的东西。吸引力主要体现在两个方面，一方面是事物本身具有吸引力或者突出关键点。孩子不好好吃饭，妈妈花点时间把食物做好看一点，孩子可能就会胃口大开。另一方面是建议和提议本身具有吸引力，至少具有说服力。

社会性是指人们的行为深受他人行为的影响，而父母是对孩子影响最深的人。父母喜欢看书，孩子通常也会更喜欢看书。父母的行为本身塑造并放大着孩子的行为。如果你一边告诉孩子不要说谎，一边让孩子帮你接电话并告诉对方你不在，孩子就会质疑说谎这件事，至少他们会认为说谎这件事有一定的容错空间。

及时性是指孩子习惯养成之前，或者某些行为节奏被打乱时要及时干预。想让孩子养成饭前洗手的习惯，在养成习惯之前，就给孩子灌输洗手的好处，并在他们有了饭前洗手举动时，予以及时鼓励。对于助推来说，时机很重要：习惯形成之前针对性的干预有助于孩子建立良好的习惯。

孩子是天生的弱者。遇到事情，父母不能跟孩子死磕，而要多动脑筋，用更简化、更有吸引力的方式让孩子做出最优选择。打造一个积极健康的家庭环境，不要过多指责孩子，而是提高自身修养，并且能够及时对孩子的行为予以干预，让孩子选择更优的路径，如此一来，相信孩子处处都能感受到父母爱的陪伴。

第七章

沟通，走进孩子内心的法宝

第一节　命令，让沟通走进死胡同

很多父母这样形容管教孩子的无力感："感觉自己走进了一个死胡同，一直为孩子付出，却不知道孩子想要什么。"他们一边渴望了解孩子，渴望跟孩子建立联结，一边又做着破坏联结的事。从根本上讲，之所以出现这样的结果，其实跟父母不知如何与孩子沟通有关。

缺乏沟通造成亲子隔阂

很多父母跟孩子沟通都是单方面的，他们只管说，孩子只要听就好，如果孩子有不同想法，也会被父母驳回。有些父母名义上会让孩子说自己的想法，继而又会用各种各样的理由搪塞孩子，最后孩子还是得按父母说的来。

这种沟通方式让孩子没有任何选择的余地，也不能有自己的想法，即便有也没什么用。长此以往，孩子就会把自己的想法深藏内心，亲子之间逐渐多了一道心墙。很多父母忽视了这一点，他们认为，跟孩子沟通就是把自己的想法传递给孩子，至于孩子有什么想法并不重要，因为孩子还小。

本质上，这类父母的做法不是沟通，而是命令。他们仗着自己是强势的一方，在潜意识里认为孩子就应该、应当，也必须按照自己的想法行事。命令看似是为了孩子好，实际上它只是在彰显父母的权力。

命令堵上了孩子的心门

闭上眼睛回忆过去你跟孩子的对话，是不是有很多的命令呢？如果不知道如何判定命令，不妨参考下边这些句子：

"别犟，赶紧去……"

"我知道你想……，但你先要……"

"我再说一遍……"

"照我说的去做，没有为什么！"

"我说不行就不行。"

"别哭了，有啥好哭的！"

"老实交代！"

命令有两个显著特点：指责和排斥。指责孩子的行为，排斥孩子的想法，从而无法跟孩子建立联结，也无法知道孩子内心想的是什么。虽然我们说要在立威阶段坚守"一不威胁，二不妥协，三我说了算"的原则，但在整个权威阶段，父母并不能一味地发布强制性命令，而是要通过更多的沟通和观察获取孩子的信息，同步孩子的信息，掌握和了解他们的内心动态，在此基础上给出更多合理的意见和建议供孩子选择。

天热起来了，暖暖一大早穿了一件棉裤不愿意换。我和妻子给出了很多换裤子的理由，比如天太热、穿太厚容易生病等，但她就是不换。不换显然不行，孩子会热出病。我们换了个方法，我说："你看爸爸都穿单裤了，很凉快，很舒服。"她看了看我，脑子在飞快地运转着。这时妻子说："你要不要和妈妈穿一样颜色的裤子呀？"暖暖立刻回复："要。"话音刚落，她就开始脱棉裤了。妻子找了一条跟她裤子一样颜色的单裤递给了暖暖。一场即将发生的穿衣大战就这样偃旗息鼓了。

这就是"一不威胁，二不妥协，三我说了算"的原则的具体应用。一味地用命令压迫孩子，孩子表面上会屈服，但内心深处可能仍然在反抗。教育学家斯宾塞说："父母们夸大了子女的不正当行为给他们带来的苦恼，总认为一切过错都是由于子女的不良行为所致，而与他们自己的行为无关。但是我们稍作公正的自我分析之后，可以发现父母发出的强制性指令，主要是为了自己的方便行事,而不是为了矫正错误。"

父母果真达到方便行事和矫正错误的目的了吗?

实际上,父母非但自己没有从中获取方便,没能矫正孩子的错误行为,而且还为孩子的健康成长埋下了隐患。

孩子成长本质上是一个跟父母分离的过程。在这个过程中,父母要通过沟通及时为孩子送去各种补给,协助孩子健康成长。

很多父母自以为是,认为自己很了解孩子,以命令的形式堵上了孩子的心门,让孩子的内心变成了一座杂草丛生的孤岛。被堵上心门的孩子在收到父母命令之后,有两种选择:顺从或者反抗。一般情况下,小孩子都会选择顺从,随着年龄和能力的增长,孩子会逐渐学会反抗。这种反抗早一点会在青春期爆发,晚一点可能要到孩子成年之后,甚至更晚。

为了孩子更好地成长,请放弃命令这种沟通方式。

沟通,让亲子达成更多共识

亲子沟通背后有两个基本条件:合作和尊重。合作是指父母跟孩子通力协作,一起寻找父母和孩子都能接受的第三方案。尊重是指父母要看到孩子的想法,能够站在孩子的角度思考问题。这并不是说尊重孩子就是忽略自己,尊重自己也很重要。所以,父母同时关注孩子和自己的需要,让孩子和自己始终处于有选择的状态，这样才可能跟孩子达成真正的合作。

父母通过沟通跟孩子达成共识。沟通的前提是尊重孩子的需求和想法。如果父母一味地命令孩子，不给孩子任何说出需求和想法的机会，共识就无从谈起，更不用说合作。沟通不是父母不停地唠叨，不是单方面给孩子灌输自己的想法，还要倾听和了解孩子的想法。本质上，沟通是一个双向过程，它是信息在人与人之间的交换。沟通双方信息地位平等，有来有往，且允许存在不同信息。

心理学家乔瑟夫和哈利把人际沟通中的信息比作一个窗子，并根据"自己知道—自己不知"和"他人知道—他人不知"这两个维度，依据人际传播中双方对内容的熟悉程度，将所有信息分为四个区域：开放区、盲目区、隐秘区和未知区。这个沟通模型也可以用到亲子沟通中。

开放区属于父母知道，孩子也知道的信息，是父母跟孩子的共识区。父母和孩子的开放区越大，沟通起来就越便利，越不容易产生误会，就越能达成合作。亲子沟通要不断扩大彼此之间的开放区。

盲目区是父母不知道，但是孩子知道的部分。父母的盲目区越小，就越了解孩子。

隐秘区是指父母知道但孩子不知道的信息。这是父母天然的优势。与孩子相比，父母天然地知道海量的信息。孩子的成长过程，也是父母不断开放自己的隐秘区给孩子的过程。父母的隐秘区让孩子觉得父母无所不知，无所不能。

未知区是父母和孩子都不知道的信息，属于尚待挖掘的黑洞。正因为未知区的存在，随着孩子一点点长大，他们会对父母的信息产生质疑，继而明白没有人是无所不能的。同时，未知区也给了父母和孩子一起探索的机会。大胆承认自己的无知，会让孩子更尊重你。

总之，父母要善于倾听自己的盲目区，然后主动暴露自己的隐秘区，不断扩大自己和孩子的开放区，从而与孩子达成更多共识。

第二节　"无错沟通"，亲子的双向奔赴

冲突，冲突，还是冲突。

父母经常为了一些琐事跟孩子发生冲突，比如，整理房间、分享玩具、吃饭睡觉。冲突让父母的理性思维被强烈的情绪淹没，大脑失去了思考功能，默认的情绪处理程序开启，亲子大战一触即发。在这个过程中，父母只看到了孩子的行为，没有看到背后的目的，而我们已经知道，孩子的行为是表，目的是本，几乎

孩子的每一个行为背后都有特定的目的。

如果父母能够用善意来理解孩子的行为，把冲突视为待解决的问题，并相信通过沟通问题最终会得到解决，那么就可能化冲突为合作，我将这种方式叫做"无错沟通"。简单来说，就是解读孩子行为的时候看见背后的目的，从善不从恶。只要父母拥有无错视角，90%的冲突都会烟消云散，剩下的10%也会通过沟通获得解决方案，一场冲突最终会演化成一场高质量陪伴。

那么，如何才能实现无错沟通呢？

当父母看到孩子的不良行为时，不要急于下结论，而要倾听孩子的说法，了解孩子的感受和需要，并以此解读孩子的行为，理解孩子，同时指出问题所在，与孩子一起寻找能够达成目的的更好方案和策略。

倾听，不只是听孩子说了什么

心理学家卡尔·罗杰斯说："如果有人倾听你，不对你品头论足，不替你担惊受怕，也不想改变你，这多美好啊！"不仅成人如此，孩子也是如此。父母应该给足孩子时间和空间让他们充分表达，并且将全部注意力集中到孩子想传达的信息上。

倾听要求父母放下对事情的成见和判断，处于一个完全与孩子同在的状态。在倾听过程中，不要用自己的认知作出任何评价，而是感受孩子的感受和需要。实际上，每个人都在忙于兜售自己的观点、想法，想要停下来听别人说话真的很难。我们中的很多人都有倾听障碍症，而父母通常是重症患者。我们来看看父母跟孩子沟通的日常表现：

盘问："到底还有什么没有交代？""你还做了什么？"

纠正："你应该……而不是……"

给建议："你为什么没有……""你应该……""你应当……"

抢话题："说到这里，我得再说你两句。"

父母总是在孩子表达过程中不停地打断他们，把自己临时的想法表达完之后，跟一句"接着说"。孩子表达能力本身就弱，再加上父母的横加干涉，孩子觉得自己说得越多错得就越多，干脆就不说了。当孩子缄默的时候，父母还会雪上加霜来一句"给你机会，你不说，可不是我不让你说啊"。

为什么会这样呢？

首先，父母倾听时压根没有调整好情绪。其次，父母潜意识里带有偏见，沟通只是为了寻找证据。第三，父母将注意力完全投向了孩子的语言，并没有观察其他信息。实际上，一个人传递信息的方式异常复杂，不仅仅是说话那么简单。

社会语言学家艾伯特·梅拉比安认为人类通过语言、声音和身体传达信息，并提出了沟通领域著名的"55387法则"。什么意思呢？如果将一个人传递信息的总量看作一个整体，那么其中55%的信息来自沟通的态度，包括肢体语言、面部表情等，38%的信息来自语气语调，只有7%的信息来自说话内容。

带着情绪和偏见的父母往往会将全部注意力集中到孩子说话的内容上，从而忽略了孩子的感受和其他表达。在孩子已经十分抗拒的时候还逼迫孩子继续对话，本身就已经违背了沟通的基本原则，这样的沟通注定是失败的沟通。

"55387法则"不仅提醒父母倾听时要注意孩子语言之外的其他信息，也在提醒父母说话时要管理好自己的表情、行为和语气语调。想想看，一个怒目圆睁、横眉竖眼、音量变大、语气中充满不满的家长在跟孩子说话，即便他说的句句在理，孩子能听进去吗？不能。孩子的大脑早已被恐惧所占领，他们的大脑正在飞速地思考如何应对父母的愤怒。

发现没有，如果你没有管理好55和38，剩下的7也可能丢失。同样地，如果你倾听时只关注7，没有在意55和38，你接收到的信息也可能存在巨大偏差。

全方位倾听

那么，如何才能提升倾听能力呢？

首先，父母倾听前要调整好自己的情绪，让内心达到平和状态，无条件接纳孩子的现状，做到"不以物喜，不以己悲"。

其次，倾听时要确认孩子的说话内容。这里需要强调的是，孩子拥有一定的学习能力，但有些孩子他们的表达能力存在着明显的不足。父母倾听时，可以通过复述不断向孩子确认真正要表达的意思。复述和确认能让孩子感觉到你的确认真在听。如果父母理解有偏差，还能为孩子提供"纠错"机会，同时，对于表达能力不足的孩子，父母也可以通过"复述—确认—纠错"这一模式提升其语言能力。

第三，留意孩子的感受。感受是身体和心理对"变化"的自然反应，提醒我们关注自己。它分为身体感受和心理感受两种。身体感受指的是身体的自然感觉，比如，麻、木、酸、胀、饿、痒、疼等；心理感受就是情绪，比如，兴奋、伤心、高兴、难过、伤心、愤怒等。

身体一旦出现不适，就会向我们发出预警信号，提醒我们采取一些行动。比如，饿了要吃饭，渴了要喝水，累了要睡觉。及时根据身体发出的信号做出调整，能让我们保持健康。

心理感受是通往内心的钥匙，只有察觉到了感受，我们才有可能直面内心，看到内心的需要。心理感受还是人与人连接的桥梁。人是情感动物，想象一下，如果我们感受不到情感，那将是一件多么可怕的事情。

实际生活中，很多父母不但不给孩子表达感受的机会，还会让孩子压抑自己的感受。他们经常对孩子说："我问你话呢，你哭什么。""这有什么好难过的。"实际上，忽视孩子的感受就等于忽视孩子。长时间忽视孩子的感受，会让孩子觉得自己的感受不重要，对其成长非常不利。

在倾听时，父母应该充分借助55和38，也就是孩子的肢体动作、面部表情和语气语调，来洞察孩子的内心状态。一方面，语言内容只有跟当下行为匹配才能获得精准诠释。另一方面，留意感受会让孩子感受到爱。你的爱可以融化孩子的一部分情绪，让孩子平和下来。

洞察的基础上还需要反馈，父母要及时根据孩子的表情和动作，向孩子反馈（确认）他的感受。比如："你是不是感到很伤心？""你是不是觉得很无助？""你看起来有点郁闷？""你似乎有点不高兴？"父母可以为自己建立一个丰富而精准的感受词汇表。

其实，很多父母之所以不关注孩子的感受，可能是因为自己内心有一个不被关注感受的"内在小孩"。生活中，很少有人会问我们的感受。"你开心吗""你幸福吗""你生气吗""你是不是很愤怒"通常被"你吃了吗""你睡了吗""别生气""别难过"

等代替。我们周围不少人无法精准表达自己的感受，而只会简单地将其分为正面与负面情绪，积极与消极情绪。通常，在面对心理医生和心理咨询师时，我们才会发现自己对感受已经麻木了。不过，通过疗愈"内在小孩"的方法（前文有介绍），我们可以提升感受的敏感度。

第四，顺着感受寻找孩子内心的需要。需要是行为的根源，可以说我们的大多数行为都是为了满足某种需要，不知道或不了解孩子的需要，我们便很难理解孩子的行为。

那么，如何获取孩子的需要呢？

家庭治疗师萨提亚提出的冰山理论可以帮助父母寻找孩子的需要。冰山理论是一个隐喻，它用冰山来隐喻自我，能够被人看到的部分其实很少，更多的部分都隐藏在海平面以下，外人很难知晓。

冰山理论自上而下包括行为、应对方式、感受、观点、期待、渴望、自我七个层次。其中，只有行为是外人可见的，其余六层都藏在海平面以下。萨提亚学派提出，通过"走冰山"可以捕获一个人内心的真实需要。

所谓"走冰山"就是通过孩子的行为，依次向下探索，找到孩子的应对方式，感受，以及感受背后的观点、期待、渴望和自我。举个例子来说，孩子语文考试没考好，回家后把语文书扔到了一边，并说："我以后再也不学语文了。"然后坐在一边生闷气。很多父母见状会觉得孩子在耍脾气，得治治。但是通过"走冰山"，我们可能会发现另外一种不同的情况。我们以此为例一起走一次冰山：

行为：语文没考好的孩子把语文书扔到一边，说："我以后再也不学语文了。"

应对方式：躲避。

感受：孩子对自己很失望，有强烈的挫败感，还有点生气。

观点：孩子接受不了语文没考好这个现实。孩子认为没考好是一件丢人的事情。

期待：孩子希望自己所有学科成绩都很好，这样便证明自己很厉害。

渴望：孩子渴望被认可。

自我：孩子缺乏抗挫力。

通过"走冰山"我们发现，孩子并不是耍脾气，而是对自己很失望，认为这很丢人，他渴望被认可，希望自己所有学科都能好。如果父母不闻不问，便可能误读孩子的行为，甚至火上浇油。严厉一点的父母可能会说："你考这点成绩，还长脸了啊!"殊不知，这样只会把抗挫力本来就差的孩子推向自暴自弃的深渊。

　　作为父母，在孩子遇到问题时，我们可以时常引导孩子走走"冰山"，这样孩子既可以更好地认识自我，找到问题的根源，还能感受到父母浓浓的爱意。

打开隐秘区，努力与孩子寻找共识

　　沟通有两面：表达和倾听。前边用了大量篇幅来说倾听，是因为在亲子沟通中倾听真的很重要，父母通常都是命令式的，很少会倾听。倾听缩小了父母的盲目区，让我们更加了解孩子内心真实的想法和需要，能够以"无错"的视角来看待孩子的行为，从而有利于将冲突变成待解决的问题。

　　倾听很重要，表达也很重要，我们需要通过表达打开自己的隐秘区给孩子，让孩子看到他们不知道但我们知道的信息，这样亲子之间的共识才会进一步扩大，信任也会更加牢固。

　　那么，父母的隐秘区都包括了什么内容呢？

　　首先是父母的观察。观察必须是客观的，不带任何评判的。如果要表达想法，也必须保证有客观事实作为前提。

　　就拿起床来说，如果说"你今天又起晚了"，就是评判。如果说"你今天早上9点起的床，比约定时间8点晚了一个小时"，就是观察。如果父母想要加上自己的想法，可以在这句话后边加上一句"我觉得有点晚"。

　　你可能会说这也太复杂了吧。其实，一点也不复杂，我总结了一个关于观察的万能公式：观察=时间+地点+行为。什么意思呢？如果你想表达观察到的信息，那么只需要说出具体的时间、地点和具体行为就好了。比如，我昨晚两次路过书房的时候（时间+地点），都看见你在玩游戏（行为）。是不是很简单？可惜一般情况下，父母会说："你昨晚一直在打游戏。"

　　观察是真实可靠的片段，是动态的。评判是盖棺定论，是静态的。动态可以改变，有容错空间，静态就失去了容错空间。当你告诉孩子："我昨晚两次路过书房的时候，都看见你在玩游戏。"孩子说："嗯，我的确打游戏了，不过都是在休息时间。"你跟孩子的不同片段结合起来就是一个相对全面的信息。但是你跟孩子说："你昨晚一直在打游戏。"孩子说什么可能都成了狡辩，因为你已经认定孩子一直在玩游戏了。

　　其次是父母的感受，父母的观察引发了自己什么样的感受。父母不仅要拥有自己的感受词汇库，还要帮助孩子建立丰富的感受词汇库。如果孩子能够精准地识别每一种感受，将会大大降低养育难度。为什么这么说？感受是一种相对客观的体验，所有人的感觉都差不多，因此，感受能够很快联结两个人。我们看电影、小说会共情里边的人物，就是因为他们的感受引发了我们相关的感受体验。所以，把感受告诉孩子，这样孩子就可以快速跟你建立联结，同时也能帮助孩子站在父母视角理解自己的行为。

第三是父母的需要。需要是一切行为和感受的根源，父母说出自己的需要能更好地促进孩子理解自己的感受，跟自己建立联结。感受本质上是需要的信号，当一个人的需要被满足时，就会感到快乐、兴奋、满意；当有需要未被满足时，就会感到沮丧、忧伤、悲伤、愤怒。父母可以通过孩子的感受来进一步窥探他们的需要，同样也可以通过自己的感受窥探自己的需要，并将需要告诉孩子。

第四是父母的请求，即父母认为什么样的方法可以满足自己的需要。用能够直接回应，且可操作的语言告诉孩子，你希望他们做点什么。

直接回应决定了这个问题最好是封闭式的，可以采用包含"愿不愿意""行不行""好不好""能不能""好吗""可以吗"的句式。

可操作要求我们尽量用那些带有具体的行为动作或者操作步骤、能够形成画面感的语言，而不要使用描述性语言。举个例子来说，正在给孩子辅导作业的你发现孩子把2+7的答案写成了8，你会怎么办？使用描述性语言的父母会说："你真马虎（粗心大意）！"这个信息对孩子来说一点帮助都没有，还可能出现反作用。使用可操作性语言的父母会说："下次做完作业要自己检查一遍，这样就能避免一时疏忽造成的错误了。"作为请求，你可以在这句话后边加上"可以吗""好吗"。

请求是给孩子选择，孩子可以同意，也可以反对。如果孩子不同意，不能强迫孩子答应，而要跟孩子一起探讨你的方案的可行性或寻找更好的解决方案。父母要谨记，对话中一旦出现强制力就不是沟通，而是命令了。

双向奔赴的"第3选择"

几乎所有的冲突都是因为某一方的需要没有被满足，亲子冲突也不例外。所以，解决冲突最好的办法就是找到一个能够同时满足冲突双方内心需要的策略。管理学家史蒂芬·柯维，同时也是《高效能人士的七个习惯》的作者，将这个策略命名为"第3选择"，并以此为名写了一本书。

所谓"第3选择"就是在彼此共识的基础上，让冲突双方找到超越彼此提供的单方面策略的更高明、更好的方法。通常我们只会考虑自己的需要，并认为自己的方案是最佳方案，这会让我们陷入二元对立思维，并认为，如果我对了，你就错了；如果你对了，我就错了，这样很容易陷入暴力思维环。

什么是暴力思维环呢？沟通双方各自拿出一个方案，彼此会将他人方案跟自己的方案进行比较，比较之后发现对方方案无法满足自己的需要，然后对此展开评论。评论进一步升级，就会产生冲突。而冲突就会引发情绪。我们都知道，情绪挟持大脑之后大脑便无法理性思考，因此难以避免地会发生一场战斗。战斗过后彼此都会拿出新的方案，然后新一轮的冲突又会产生。在暴力思维环的干扰下，最终结果只有两个：一方获胜一方委曲求全，或者两方都惨败。

　　难道真没有更好的解决途径了吗？显然不是。具体策略是为需要服务的，需要是本，策略是表。换句话说，满足需要的具体策略实际上不止一个。你只要想想自己为当个好家长都做了哪些努力就能明白这句话。某一个策略也不是只能满足一个需要。比如看电影，有人用它满足对艺术的追求，有人用它来打发枯燥的时间，有人用它来传达爱意，有人用它来庆祝。既然如此，这就给化解冲突的"第3选择"提供了可能，这是一种双赢的解决方案，不会让任何一方受到损失。具体怎么办呢？

　　我们通过倾听和表达已经了解了彼此的需要，以及各自的解决方案，这时千万不要陷入方案之争。我们可以不赞成孩子的方案，也允许孩子否定我们的方案，我们理解和尊重孩子。当我们能够理解孩子的时候，孩子大概率也会理解我们，因为我们是孩子最好的老师。一旦父母和孩子能够相互充分理解，就可以开启下一步"协同"了。

什么是"协同"呢？"协同"就是将对方的需要纳入自己的需要之内，重新寻找一个能够满足双方愿望的策略。这就彻底避开了暴力思维环，因为不再去比较彼此方案，而是探寻更好的方案，而这个探寻过程中对方的方案将成为一个参考样本，这将为我们提供更多思路。在"协同"中，双方可以一起共创，最后找出一个能够满足双方需求的策略，达到1+1>2的效果。

暖暖经常会在我工作的时候闯入工作间，找我陪她玩。对于大多数父母而言，工作时被孩子打扰都是一个不小的挑战。一边是繁忙的工作，一边是捣蛋的孩子。如果将着眼点放在孩子口中的具体游戏上，结果肯定一塌糊涂。

实际上，孩子只是想有人陪她。我通常会抽出一两分钟来跟暖暖沟通，然后提出各种各样的可以工作和陪伴同时兼顾的策略。比如，给她一个废弃不用的键盘，让她跟我一起"工作"，给她一个画板，让她画画。其实，工作中的父母需要的是减少孩子对自己的打扰，而不是让孩子离开。

只要把孩子的陪伴需要和你的安静需要相结合，我相信，你也可以有很多不错的策略。

"协同"是一个共创过程，有可能孩子提出的策略比父母的还要好。父母不能只给建议，还要多听孩子的想法。此外，父母一定要学会向孩子妥协，不要自以为是，给孩子试错机会，让他们去探索，去发现。与其24小时盯着孩子，不如多换位思考，智慧地引导。跟时刻盯着孩子不放相比，父母的自我成长、自我改变更重要。

养育孩子和孩子成长本身就是一场父母和孩子的双向奔赴。良好的沟通让这场奔赴变得美妙无比，也让这条复杂且坎坷的路充满了爱和幸福。

旁观者更容易解决问题

有时候两个人很容易因为沟通不畅陷入死循环，最终因为一件小事对峙起来。亲子之间也是这样，很多小型冲突最终可能变成一场冷战，特别是父母将自己的一些想法强加于孩子身上的时候。这个时候最好的办法就是让第三人介入。

当孩子跟妈妈发生对峙，双方僵持不下时，爸爸介入充当调停者。当爸爸跟孩子发生冲突，双方发生对峙时，妈妈介入充当调停者。这种通过旁观者介入解决问题的方法，叫做旁观者效应。俗话说，"当局者迷，旁观者清。"旁观者跟当事人不同，他们站在旁边能够看到双方各自的需求，并且可以帮助双方找到一些可以满足双方需求的策略。

有天晚上，妻子很累想睡觉，暖暖却很兴奋，而且点名要妈妈陪她。妻子陪了一会儿实在太困了，就跟暖暖说，把玩具收起来吧。暖暖不答应，妻子就不理暖暖自己睡了。暖暖突然就哭了。妻子开始跟暖暖置气。于是，一个人在哭，一个人假装听不见。很多父母应该都经历过这一幕，有些父母觉得自己这个时候向孩子低头有失权威，于是冲突继续升级。到底该怎么办呢？

这时第三者介入就是一个很好的办法。我见状先安抚了一下暖暖的情绪，见她情绪有所平复，就问："你现在不想睡觉，是吗？"她带着哭腔说："是。"我接着问："你是想玩积木？"她说："是。"我说："妈妈现在太累了，爸爸陪你玩，好不好？"谁知这句话一出，她的情绪再次崩溃，又大声哭了起来。我紧接着说："哦，爸爸说错了，你是想让妈妈陪你玩积木，是不是？"她说："是。"我接着说："可是妈妈很累了，你很累了就要睡觉，妈妈也是。不过，我们这样好不好，让妈妈陪你玩五分钟积木，然后一起睡觉。你觉得好吗？"暖暖说："好。"妻子闻声笑着坐了起来。这件事情的结局就是，玩了大约三分钟，我们就开始收拾玩具准备睡觉了。

需要注意的是，旁观者要将自己当成彼此需要的联结者，而不是问题解决者，因此，旁观者不能提供损害任何一方需要的策略，如果没有更好的方案，可以联合双方一起努力共创合适的"第3选择"。

第三节　同理心，提升你的亲和力

面对亲子冲突，我们应该耐心倾听，冷静表达，在此基础上解决问题。如果解决过程中仍然存在困难，我们可以考虑"第3选择"。然而，无论是倾听，还是表达，或者"第3选择"，都需要父母拥有强大的同理心。如果不能同理他人，倾听就难以进行，合作更无从谈起。

同理心的魅力

同理心是指能够与他人的行为、感受和需要产生共鸣，但不受其左右的能力。一般人会将同理心跟同情心搞混。实际上，两者的区别很简单，它们都是一种能够与他人产生共鸣的能力，同理心不受他人体验牵绊，而同情心则可能会被他人的情绪卷入。一旦卷入他人情绪，我们就可能被情绪挟持，这样非但无法帮助对方，反而会给自己增加一份新的痛苦。

非暴力沟通专家马歇尔·卢森堡形容说："同理心就像冲浪板一样，时刻浮在对方的情感波涛顶上，不会被卷进去，但能感到波涛汹涌。而同情心则像一片树叶，被波涛卷进去，卷到大海里去了。"

同理心是一项父母必修技能。它能让我们理解孩子的现状，找到孩子的需要，用善意去理解孩子。缺乏同理心的父母往往会把关注点放在孩子的具体行为上，不间断地治标不治本，最终问题无法得到彻底解决。一旦拥有强大的同理心，就可以直抵孩子内心需要，这样就可能从根本上解决孩子面临的问题。

比如，孩子热衷于打游戏，大部分家长会认为打游戏是错误行为，于是将注意力完全集中在打游戏这件事情上。以"防止孩子打游戏"为关键词在百度搜索，能搜出很多相关结果，其中不乏一些非常具体的做法。

这种针对行为寻找具体策略的做法有点本末倒置。打游戏的主体是孩子，如果只是防止了打游戏，孩子的根本问题可能并没有解决。孩子之所以选择打游戏可能是因为学习上出了问题，进而导致自己不快乐，不自信；也可能是因为缺乏陪伴，找不到归属感，于是在虚拟世界寻找团队；还可能是因为缺乏价值感，孩子在现实世界得不到肯定和赞扬，于是想在虚拟世界找回荣誉；等等。

父母只有了解了孩子的感受和需要，才能正确面对打游戏这一行为。要想真正理解孩子，就需要有强大的同理心。庆幸的是，同理心跟无条件的爱一样，是一种可以习得的能力，通过刻意训练可以得到提升。

习得同理心

那么，如何习得同理心呢？

首先，觉察自己的状态。

正常情况下，每个人的基本状态相对稳定，内心相对平和。一旦遇到外界刺激或被外界所触动，我们内心便可能有所变化，要么被情绪挟持失去控制，要么被慈悲感化接纳万物。也就是说，外界环境可能让我们的状态发生变化。我们在同理孩子的时候，首先要觉察自己的状态，如果发现自己已经被情绪裹挟，不妨尝试先赶走情绪，让自己变得平和，处于愿意连接的状态，这样便为问题的解决搭建了基础，也为同理他人提供了可能。

第二，闭嘴。

同理他人的时候，闭嘴很重要。如果我们不停地打断别人，连他人基本的信息都无法获得，更不要说同理他人了。父母要学会闭嘴，关注孩子提供的所有信息，或者可以利用"55387法则"收集更全面的信息。

第三，陪伴对方。

当孩子处于情绪当中时，根本无法注意到自己的感受和需要，他们也许只会哭泣。这时不要追问孩子，静静地在一边陪着就好。耐心等待孩子的情绪完全离开，你可以教孩子一些处理情绪的方法。比如，平复呼吸，然后用对话的形式帮助孩子完成情绪日记。记住，千万不要使用强制手段让孩子压抑自己的情绪。

第四，反馈感受和需要。

孩子的表达能力很弱，其实不仅孩子，很多成人对自己感受和需要的表达也不是很准确。实际上，有些感受只要说出来就会很好，需要一旦明晰，解决方案便不难获得。所以，在同理孩子的时候，使用精准的词汇帮助孩子确认自己的感受和需要无比重要。比如："你看起来很生气，因为妈妈（爸爸）没有理解你的意思，对吗？""你好像有点悲伤，××搬走了，让你感到孤独，是吗？"

第五，谨防被对方的情绪带走。

同理心和同情心只有一步之遥，在启动同理心的时候，也要时刻关注自己的情绪，如果发现苗头不对，赶紧灭掉正在萌芽的情绪，保证自己处于平和状态。

做到以上五点，同理心就会大幅增强，与此同时，亲和力也会有所提升。亲和力会让孩子更容易接近你，孩子从你这里获得了归属感，他便更愿意向你吐露心扉。

第八章

慢下来，跟孩子一起静待花开

第一节　慢决策，自然温和地解决问题

爱因斯坦说："如果给我1个小时解答一道决定我生死的问题，我会花55分钟来弄清楚这道题到底是在问什么，一旦清楚了它到底在问什么，剩下的5分钟足够回答这个问题。"智慧的父母会听从爱因斯坦的建议，在做出决策前，给自己按下一个暂停键，让自己放缓节奏，看看究竟发生了什么。

事实上，并不是所有的"问题孩子"都真正有问题，也不是孩子身上所有的问题都需要被解决。养育要慢下来，看清周围发生了什么，掌握了足够的信息后再做决策。

允许犯错和失败

完全听话的孩子根本不存在，孩子都是在犯错或失败中长大的，一个从没犯过错的孩子很难真正直面人生，获得独立。

犯错或失败意味着尝试，意味着探索，也意味着自己做出决定。无论孩子做出什么样的决定，无论孩子的决定会带来什么样的结果，都意味着孩子朝分离又迈出了一步，对孩子来说，这是成长必须的。

这本书里，我一直鼓励父母允许孩子自由成长，允许孩子自己做决定，以自己的方式去成长，并且支持孩子的决定。

很多父母认为，让孩子自由成长是一种理想主义。实际上，这是对放手的误解，也是对孩子自由成长的误解。放手不等于放任，自由不等于没有边界。在父母给出的探索空间内，让孩子最大程度发挥自决能力，是对孩子最大的尊重。在这样一个环境里，即便有什么不好的事情发生，也不至于产生特别严重的后果。甚至可以说，正是这些不好事情的发生，最大限度地激活了孩子的独立能力，让孩子获得了自主探索的动力，同时，孩子也收获了冒险和创新精神。

开放式的探索活动，会让孩子发现更多美好。作为父母，如果我们选择了逃避，不允许孩子探索，他们怎能习得更多应对未知世界的能力和经验呢？而孩子终有一天要离开我们走向一个未知的世界，没有一丁点生活经验的孩子，又该怎样面对那个更大的陌生的世界呢？

父母应该明白：有探索就有失败，没有百分之百成功的探索。而允许犯错，接纳失败，本身就是对孩子最好的逆商培养，也是孩子人生最为宝贵的经验。

延缓决策

当孩子成长出现问题时，作为家长，我们需要先对问题进行诊断，而诊断问题需要父母修炼慢决策的能力。

慢决策的本质是延缓决策，也就是不在第一时间做出决策，而是从表面现象出发，查找孩子异常行为的目的、动机和原因，搜集尽可能多的信息，通过全面分析获得结论。

那么，习惯了"高效"的父母如何才能延缓自己的决策呢？

答案是改变自己的时间观念。一般而言，我们都会依照时钟时间来计时。我们认为时间一直在流动，并使用时、分、秒来度量时间。一天有24小时，一小时有60分钟，一分钟有60秒。在这个意义上，时间就像一条大河，永远在流逝。时钟时间是为追求效率诞生的。

现代社会是一个追求效率的社会，很多事情都会以时钟时间为基准。我们以月为单位领取工资，以星期为单位休息。追求效率的时钟时间大大减弱了生活里的满足感，我们不断追求即时满足，凡事追求立竿见影，这使得我们在应对很多事情时都产生了很大的时间压力，这样的时间观念让我们感到焦虑。人生苦短，要抓住每分每秒。

这种信念同样影响着我们的育儿观念，想在尽可能短的时间调教出一个完美的孩子，虽然这是一个不可能完成的任务，但我们潜意识里仍会以此为目标，不断发起攻势。父母见不得行动缓慢的孩子，在孩子思维还在打转的时候，帮助他们做出决策并要求必须服从；在孩子对世界一无所知的时候，帮助他们铺设未来，并强制学习；在他们犯错的时候，第一时间跳出来指出错误并勒令更正。

时钟时间并不是唯一的计时方式。我们通常还会按照事件时间来计时。事件时间是指持续做一件事，直到完成或者达到某个效果，然后再做其他事。我们说的"等一下，我忙完手头工作再说"，就是一种用事件时间计时的方法。这种计时方法是一种具象的计时方法，可以简单理解为任何事件都是按照一定顺序进行的。比如，起床、刷牙、吃早饭。这个层面的时间是可控的，让人心安平静。

事件时间是为效益而生的，效果和收益是我们最为关注的东西。启用事件时间之后，父母就不会要求孩子必须晚上九点准时入睡，而是讲完一个故事就睡觉；老师也不会给孩子布置写生字100遍的作业，而是写到自己会写为止；处理孩子问题时，不再以把孩子的表面的不良行为压制住为目的，而是寻找问题背后的根源，从目的、动机、需求等方面解决问题。

延缓决策最佳的方法就是启动事件时间。就像园丁照顾一座花园一样，去看待孩子身上的行为，发现异常不要急于下结论，而是关注异常的发展趋势，关注它对孩子整体发展有什么影响，有什么好处，又有什么坏处。即便这个异常一无是处，也要通过沟通掌握孩子异常行为的动机、需要和目的。掌握了更加全面的信息之后，依据孩子的养育阶段、孩子的性情，以及孩子的成长发展规律，使用恰当的方法对症下药，缓和渐进中孩子的问题自然而然就解决了。

第二节　慢成长，敢于探索，勇于尝试

生命的本质是一个自我创建的过程。无论是一棵小草，还是一只动物，抑或是一个人，都有其内在的成长规律。人类有着相对漫长的儿童期，从某种程度上就注定了孩子需要一个慢成长的环境。

慢成长不等于不成长，而是依照孩子的发展规律成长。父母要允许孩子慢慢成长，不要一心想着塑造孩子，而要努力发掘孩子的天赋。我们必须承认大部分孩子都是普通孩子，没有超人的能力，父母与其焦虑地"拔苗助长"，不如把这些时间用来挖掘

孩子的专长，找到更适合他们的发展之路。

在孩子成长的同时，父母也迎来了第二次成长。我们可以跟孩子一起成长，把自己生命中不完善的地方发掘出来，并不断提升自我。

成长的规律

心理学家阿诺德·格赛尔曾做过一个"双生子爬梯"的著名试验，试验研究了双生子学习爬楼梯的过程和结果。格赛尔选择了一对身高、体重、健康状况都一样的双胞胎，他让其中一个从46周开始爬楼梯，每天训练10分钟，另外一个从第53周开始接受同样的训练，两个孩子都练习到他们满54周。也就是说，一个孩子被训练了8周，另外一个只训练了2周。那么，这两个孩子究竟哪个水平会高一些呢？绝大部分人认为可能练了8周的要比练了2周的更厉害。试验结果却出乎意料——两个宝宝都学会了独立爬楼梯，但后者比前者水平还好一些。

为什么会这样呢？

练习了2周的孩子是在走路姿势基本稳定、腿部肌肉也更有力的情况下开始练习的，而且看到哥哥每天爬楼梯，同伴的影响让他有更强的学习意愿。格赛尔原以为这只是偶然现象，然而他换了一对又一对双生子，如此反复了上百对之后，大多都是类似的结果：即从52周开始学习爬楼梯的孩子比从48周学习爬楼梯的效果更好，更能用较短的时间达到更好的效果。此后，格赛尔还做了一些其他年龄段其他领域的试验，甚至成年人领域，都得出了相似的结论，即任何一项训练或教育内容针对某个特定的受训对象，都存在一个"最佳教育期"。因此，超前学未必能有好的效果，把握"最佳教育期"才是关键。除了把握"最佳教育期"外，父母还应该在必要时为孩子提供"脚手架"，协助孩子成长。

心理学家杰罗姆·布鲁纳认为个体是在人际互动中建构意义的，并认为，学生不是被动的知识接受者，而是积极的信息加工者。布鲁纳在这两者基础上提出了脚手架理论。所谓脚手架理论是说，孩子学习新概念和新能力时需要来自成人的帮助，随着技能的成熟，就会变得越来越独立，直到不需要这种支持，就像建筑工人盖房子，刚开始需要脚手架，盖好之后脚手架也就拆除了。换句话说，父母只需要在孩子学习技能之初给予短暂的支持，最终要离开。这跟本书倡导的分离原则相同，孩子学习时给予支持，学成后父母要放手，让孩子不断实践自己的独立能力。

脚手架还有一个隐形功能需要注意，就是父母的出现能够帮助孩子减少选项。孩子很多时候都会面临多种选项，在众多选项中，孩子可能会迷失方向，容易形成"掰玉米丢西瓜"的状态。父母根据孩子的发展以及家庭自身情况，帮助孩子减少选项，能够让孩子在适合自己的空间通过自决能力不断向前。

那么具体如何做呢？

答案很简单，就是依据孩子现阶段的能力进行综合判断，在做判断时，心理学家维果茨基提出的"最近发展区"理论是一个很好的工具。最近发展区理论认为，孩子的发展有两个层次：实际发展区与潜在发展区。实际发展区针对的是孩子现有的能力，潜在发展区是指孩子在他人的帮助下能够达到的水平，这两种能力之间的区域就是最近发展区。最近发展区是最适合孩子的学习区域。

根据最近发展区理论，父母需要帮助孩子排除超越他最近发展区的学习任务，同时，让孩子自由发挥实际发展区能力，并勇敢跳出自己的舒适圈。比如孩子学习跳，刚开始父母拉着孩子跳，然后让孩子自己跳，最后鼓励孩子往远处跳，这样一步步引导孩子，孩子便慢慢习得了跳的能力。如果一开始就让孩子往远跳，孩子跳一次摔一次，这样会让孩子畏手畏脚不愿意跳，从而很难获得这项能力。

最近发展区还特别强调，不同的孩子有不同的发展水平，要因材施教，根据孩子的实际发展情况与自身进行纵向对比，在此基础上帮助孩子提升能力，而不是跟其他孩子进行横向对比，迫使孩子提升能力。需要强调的是，慢成长不是故意放慢脚步，而是放下焦虑，跟上孩子的成长脚步，根据成长规律协助孩子成长。

孩子的成长过程十分美妙，父母要学会欣赏。生活经验早已告诉我们独立能力和学习能力的重要性，作为父母，我们更应该关注孩子当下的能力发展，抓住孩子身上涌现出来的才艺，忘掉遥不可及的未来，跟孩子一起探索能够够得着的可能。

试错和迭代

孩子的成长是由一个又一个当下片段组成的，将注意力聚焦在当下孩子的快乐和成长中，才更有利于孩子收获幸福和进步。太过在意未来，太过在意别人的看法，只会让自己分心走神。

未来不确定，父母不如抱着试错的心态前行。试错不是尝试错误，而是不确定是否正确，所以需要通过实践来检验。如果正确就坚持应用，如果有问题就迭代修改。作为父母，与其质疑学到的育儿知识，倒不如选择孩子成长的一个当下片段将其运用起来，在这个过程中感受与孩子联结的快乐，同时孩子也能感知到心与心相伴的幸福。在试错过程中，所有父母都需要明白：试错需要成本。在育儿中，这个成本就是时间成本。用一段相对较长的时间，比如一个月、一个季度、半年，尝试使用学到的育儿知识，看看效果。刚开始可能比较难，咬咬牙坚持下去，变化可能就在不远处。相较于漫长的养育时间来说，这点试错时间又算得了什么？相较于前怕狼后怕虎的徘徊，这点试错时间也算不了什么。

父母可以一点一点慢慢过渡，比如先从处理自己的情绪开始，尝试写一个月的情绪随手记，看看自己的情绪变化。有了基本的处理情绪的能力后，再尝试无条件接纳孩子的现状，让孩子感受到你看见了他，你在关注他，在此基础上尝试多陪陪孩子，努力发现孩子的兴趣或特长，助推孩子做出更好的选择。

多去倾听孩子的想法，同理孩子的状况，尊重孩子的选择，慢慢地，你便走进了孩子心里。

在勇于尝试的基础上，有一点我们需要格外注意，那就是不能盲目自大，要善于复盘，从细节方面不断完善自己。你可以每日写一次复盘日记，也可以针对某一事件写一个复盘记录。复盘内容包括三个方面：保持、问题、尝试，即有哪些好的地方可以继续保持？在尝试过程中遇到了什么问题？有哪些更好的方法可以尝试？

比如一次关于沟通的复盘如下：

保持：沟通时间足足有一个小时，这是一个不错的开始。

问题：我说的比较多，孩子回应较少，还是比较抵触。聊天内容中说教的部分有点多，这一点以后需要注意。

尝试：寻找孩子感兴趣的话题。学会聆听，不打断孩子。

再比如一篇关于情绪的复盘日志如下：

保持：今天很好地管理了自己的情绪，没有冲孩子发火，而且心平气和地处理了他跟其他同学的纠纷。

问题：孩子不愿意跟我多聊学校里的事情，总是对我有所防备，跟我说话也吞吞吐吐的。

尝试：每周设置一个家庭分享日，大家相互分享自己本周的有趣经历。

父母要允许自己犯错，并且敢于承认错误，知错能改，在此基础上与孩子共同成长。

第三节　慢家庭，幸福家庭的主旋律

家庭是一个系统。

系统论认为，一个系统至少包含三个要素：系统元素、元素关系，以及系统目的。在家庭系统中，一般包括父亲、母亲和孩子三个元素，他们之间通过夫妻关系、亲子关系、同胞关系相互连接。但是，我们似乎很难说清楚，家庭这个系统的目的是什么。

你觉得家庭这个系统的目的是什么呢？

安全感是家庭的底色

家是一个人安全感的发源地，是最能满足我们归属需求的地方。家人的接纳、理解和支持让我们拥有了丰盈的内心，从而有足够的能量在外部世界探索更多可能。

安全感究竟长什么样子呢？心理学家温尼科特提出的抱持性环境给出了答案。他认为，婴儿在被大人抱持的时候会有一种"双臂环绕"的体验，这种体验最基本的感觉是被强壮的臂膀环绕而不至于掉到地上。它是一个人跟他人联结时最基本的需要，但也是最不明显最难以描述的需要。抱持感是安全感的雏形，让人拥有抱持感的环境就叫抱持性环境。

在抱持性环境里，我们做好了事情会得到认可，受挫的时候会得到支持，各种各样的感受和想法都可以在其中随意流动。我们能放下所有警惕和防备，不必担心出现任何危险。更为重要的是，抱持性环境让我们拥有了自我观察和观察他人的时间和空间，生活得很从容。

作家杨绛在《我们仨》里回忆了这样一段家庭往事。她生圆圆住院期间，钱锺书一个人在家里生活。要知道，从小被娇惯的钱锺书，除了读书，什么也不会。所以，每天到医院探望妻子的时间，成了他诉苦的时间：昨天是墨水染脏了房东家的桌布，今天是把台灯搞坏了，明天又是门轴弄坏了，总之都是些鸡毛蒜皮的小事。每每如此，杨绛总说："不要紧，我会洗。""不要紧，我会修。"

看完这个故事，你可能觉得钱锺书不是一个好丈夫，那就大错特错了。杨绛出院时，钱锺书专门给她炖了鸡汤，还剥了嫩蚕豆一起煮在汤里，盛进碗里，端给杨绛吃。这对一个生活几近不能自理的人来说，是十分难得的事情。杨绛欣喜地感叹说："钱家的人若知道他们的'大阿官'能这般伺候产妇，不知该多惊奇。"无论是杨绛之于钱锺书，还是钱锺书之于杨绛，他们都为彼此创建了一个抱持性环境，而这个环境的名字就是：家。

家从来都不是房子、车子、票子的总称，而是一个抱持性环境。家就像一个容器，一个可以接纳你一切的物品。在家里，我们会被无条件接纳，无论是好的部分，还是"不好"的部分，都会被理解，被包容——在你发展好的时候，认可你，在你受挫的时候，支持你，给你足够多的安全感，让你感到踏实。

那么，如何在家庭中创建一个抱持性环境呢？

首先，多赞美家庭成员，支持他们的想法，允许各种不同声音出现，也允许家庭成员有不好的一面。其次，接纳家庭成员的情绪，让其处于自己最舒服的状态。第三，时常运用同理心倾听家庭成员的真实想法和诉求。第四，使用目的论帮助家庭成员对自己的行为和想法多一些正面解读。第五，永远不要去猜其他家庭成员的想法，试着询问真实想法。同时，可以主动告诉家人真实想法，不要让别人来猜。

这样的环境滋养着我们的安全感。小时候，我们在原生家庭里从父母身上获取安全感；成人后，安全感会内化成一种信念，让我们始终相信有人支持着自己。如果小时候获取的安全感不足，长大后可以通过一段美好的婚姻所组建的新生家庭来提升自己的安全感。也就是说，如果小时候缺乏安全感，长大后可以从伴侣那里重新获得，这或许才是婚姻的真正内核。

在一个幸福的家庭里，无论哪个家庭成员在外边受到了不公平待遇，或者遭受任何挫折和妄议，他都有力量去反抗，也有勇气置之不理，这是因为每个成员心里都徘徊着这样一句话："回家吧，不管怎样，都有人爱你！"

父母如何影响孩子

我们的新生家庭就是孩子的原生家庭。原生家庭对人的影响是深远的，一个人生活中的不顺心、不如意，改不了的毛病，克服不了的性格障碍，几乎都能从原生家庭中找到影子。心理学家苏珊·福沃德认为："很多父母的负面行为是持续存在的，始终支配着孩子的生活。"在原生家庭里，父母对孩子的影响体现在三个方面：亲子之间的互动，父母自身的样子，以及父母之间的互动。

亲子之间的互动对孩子影响最大，也最为直接。父母如何跟孩子互动，如何陪伴孩子，对孩子说了什么，做了什么，这些都会影响孩子的成长。

父母自身的样子对孩子的影响也不小。最常见的就是父母是孩子的人生导师，是孩子的榜样，孩子是父母的复印件等观点。如果父母比较内向，孩子一定程度上也会比较内向。如果父母处世比较强势，孩子也可能比较强势。如果一个孩子经常脏话连篇，反过来他的家人也可能经常说脏话。如果孩子不上进，很可能父母都是比较安于现状的人。养育孩子是父母的第二次成长，启动人生的"困难模式"，父母不断提升自己，不断尝试改变，孩子大概率也会越来越好。

再来看父母之间的互动，它通常是养育中最容易忽略的一点。很多家庭有了孩子之后，夫妻之间的互动会急速下降，甚至为零，这其实并不利于孩子成长。父母之间的良性互动会给孩子带来安全感，反之，恶性互动或者很少互动会让孩子失去安全感。

电视剧《亲爱的，你在哪里》里边有这样一段对话，媛媛问爸爸："大人为什么总是吵架？"爸爸回答："因为大人啊，都想要别人听自己的话。"媛媛又问爸爸："如果媛媛再听话一点，爸爸妈妈的争吵会少一点吗？"这其实是孩子内心深处对安全感的叩问，父母的争吵会让孩子内心极度不安。在得知父母离婚的消息后，媛媛选择用离家出走来挽救父母的婚姻。

对孩子来说，爸爸妈妈就是她的全世界，爸爸妈妈的互动会深刻地烙印在他的脑海中。孩子从出生到走向成人，他们在自己与父母的关系中不断成长，也在观察父母的关系中成长。

对孩子最好的教育就是夫妻恩爱，孩子会从父母的关系中汲取与他人相处的经验，学会如何去爱，如何被爱，如何收获，如何付出，在此基础上茁壮成长。

夫妻是家庭的核心

夫妻关系是家庭的护城河，夫妻关系决定了一个家庭的幸福与稳定。心理学家曾奇峰说："夫妻关系是家庭的定海神针，在有公婆、夫妻和孩子的三世同堂的家庭中，如果夫妻关系是家庭的核心，拥有第一发言权，那么这个家庭就会稳如磐石。"

遗憾的是，很多家庭有了孩子之后，孩子就成了家庭运转中心，亲子关系成为家庭第一顺位关系。夫妻之间的对话，除了孩子，还是孩子。他们没有了独处时间，忽略了彼此，甚至忽略了自我。亲子关系凌驾于夫妻关系的现象很常见，甚至夫妻关系成了家庭中最低微的关系。

事实上，如果家庭这艘大船有船长的话，一定得是夫妻。对家庭而言，夫妻是坚守到最后的人，我们看着其他船员一一离开，父母终将驾鹤西游，孩子也要组建自己的新生家庭……在这个过程中，我们要用爱去滋养伴侣，通过不间断的沟通，让家庭这艘船找到航行的方向，让船员井然有序，让家庭经得住大风大浪，这对一个家庭来说至关重要。

小确幸的慢家庭

结婚前，我们总以为婚姻能带我们走向星辰大海，然而，很快就被柴米油盐和鸡零狗碎羁绊，我们总是急匆匆地生活，最终导致家庭这艘大船迷失在生活的茫茫大海里。面对生活的一地鸡毛，是将其扎成漂亮的鸡毛掸子，还是任其群魔乱舞，主要还在家庭成员之间的关系。和谐的家庭关系能让一地鸡毛束成鸡毛掸子，反之，则会群魔乱舞。

然而，彼此长时间生活在一起，摩擦是在所难免的，怎么才能长久地相濡以沫呢？

有研究表明，在一段可持续发展的关系中，积极互动与消极互动在生活中的占比大约是5∶1。最直白的理解就是，用五句好话来平衡一句不好的话，就能让夫妻关系永续下去。如果超过这个比例，就会有爆棚的幸福感。如果小于这个比例，就容易出现负面情绪积压，时间一长就容易产生问题。让家庭幸福美满，最简单的方式就是不吝啬地赞美和肯定对方。一旦出现摩擦或者不好的表达，就用更多的良性行为消解彼此之间的冲突，进而让亲密关系得到改善。

我们不可能数着积极互动和消极互动去生活。实际上，只要我们善于关注生活中的正向互动，并时不时有意制造一些小确幸，就能保证家庭成员有足够丰盈的内心来抵消消极互动带来的不良影响。

那么，具体怎么做呢？

首先，把家庭打造成一个抱持性环境，家庭成员之间相互接纳，不指责，不抱怨。安全的"家庭底色"能够满足人的归属需求，它能让家人在深陷困境或迷茫无助的时候感受到无条件的爱。

其次，保持良性沟通。家庭最终可能会因为冷战而失败，拒绝沟通会让彼此越来越远。即便再亲密的关系，我们也不可能每时每刻都心有灵犀，不可能做到思想完全一致。幸福的家庭氛围是聊出来的，只有跟家庭成员之间保持良性沟通，增大所有人之间的公开象限，才能让家庭成员彼此间更加了解，更加信任。可以定期举行家庭会议，不必太正式，就像宿舍熄灯后跟舍友进行的话聊会一样。

　　第三，增加并记录生活里的小确幸。村上春树说："没有小确幸的人生，不过是干巴巴的沙漠罢了。"小确幸是指隐约期待的小事刚好发生在自己身上的那种微小而确实的幸福与满足。比如周末想要看场电影，伴侣就递来了电影票；晚上和家人一起在外边散步，念叨了一句想吃顿大餐，伴侣就预订了位置。

　　任何期待的事情，想要和家人一起做的事情，都可以说出来。在追求幸福的路上，你不说，他人便很难知道你想要什么，一旦你说出来，他人就了解了，就有一半的概率会实现。我们要明白，说不说是自己的课题，而愿意不愿意则是他人的课题。

　　幸福时刻总是稍纵即逝，我们可以通过视频、照片、文字来记录这些片段。将照片打印出来挂满房间，制作幸福家庭手账，撰写小确幸日记等都是不错的记录手段。

　　最后，一定要慢下来。家庭不是追求效率的地方，我们没有必要着急忙慌。回到本节一开始的问题，我认为家庭这个系统的目的是让每一个家庭成员都获得最基本的幸福感。因此，在家里我们要采用事件时间，充分享受每一件事情带给我们的快乐，让幸福事件次第发生。

后　记

2019年10月，暖暖出生了，我成了一名父亲。

父亲于我而言，是个陌生身份。陌生意味着无知，意味着恐惧，意味着无所适从。为了做好父亲这个角色，在暖暖出生前，我便开启了疯狂的学习模式。当然，我清楚养育孩子不是父亲或者母亲某个人的事情，它需要全家人通力配合才能顺利开展。

学习的同时，我一直在找一本育儿枕边书，希望它不仅能让我迷茫时翻一翻就醍醐灌顶，又能让家人不费太多工夫就可以实现育儿方法和实践的快速同步。遗憾的是，我最终只收获了一个长长的书单，涉及心理学、教育学、神经学、管理学、语言学等诸多领域。让家人阅读这么多书籍，然后将里边的知识迁移至育儿实践上，显然是一件很难完成的事情。于是，就有了这本书。

在过去五年多的时间里，我依照这本书里的理念和方法养育暖暖取得了一些喜人的成效。与同龄孩子相比，暖暖让我们少操了不少心。与此同时，我也利用业余时间进行了"分离养育"的推广，为家长们提供了新的育儿思路，并受到了很多家长的认可。

这本书里的内容适用于所有父母。践行它不需要大量的物质支持，不需要加入"起跑线游戏"，不需要把注意力全部投注到孩子身上，只需要父母在漫长的养育中找到自己，通过学习和实践转变观念和行为方式，不断提升自我，在此基础上引导孩子成长。

不管你的家庭境况如何，只要愿意自我改变，锁定终极目标，敢于放手，勇于放手，静下心，慢慢来，相信不远的将来定能从育儿焦虑和育儿困境中走出来。最终，你不但能收获一个独立、快乐、聪明的孩子，还能收获一个温馨、和谐、幸福的家。

当然，这本书不是万能的，挂一漏万在所难免。如果你在使用本书的过程中有任何疑问，欢迎你与我联系，我愿意与你一起探讨。我的微博、公众号的名字都是"陈小五"。

如果这本书能给你带来一丝宽慰，对你有所帮助，就算完成了它的使命。当然，我更希望这本书能够成为你的随身锦囊，在漫长的养育历程中，你能时常拿出来翻一翻，践行并内化其中的知识，在此基础上逐渐形成自己的育儿理念，而不仅仅是"我读过""我知道"。

最后，希望更多父母能发现这本书，在它的陪伴下，我们一起走出育儿困境，扶肩前行。